广东省中小学"百千万人才培养工程"
初中理科名教师培养项目丛书

丛书总主编：于 慧 李晓娟

基于学习进阶的
初中物理概念教学设计

尤小蓉 著

$F=ma$

暨南大学出版社
JINAN UNIVERSITY PRESS
中国·广州

图书在版编目（CIP）数据

基于学习进阶的初中物理概念教学设计/尤小蓉著．—广州：暨南大学出版社，2024.7

（广东省中小学"百千万人才培养工程"初中理科名教师培养项目丛书／于慧，李晓娟总主编）

ISBN 978 - 7 - 5668 - 3882 - 7

Ⅰ.①基… Ⅱ.①尤… Ⅲ.①中学物理课—教学设计—初中 Ⅳ.①G633.72

中国国家版本馆 CIP 数据核字（2024）第 039762 号

基于学习进阶的初中物理概念教学设计

JIYU XUEXI JINJIE DE CHUZHONG WULI GAINIAN JIAOXUE SHEJI

著　者：尤小蓉

出 版 人：阳　翼
统　　筹：黄　球　潘江曼
责任编辑：张　钊
责任校对：刘舜怡　陈皓琳
责任印制：周一丹　郑玉婷

出版发行：暨南大学出版社（511434）
电　　话：总编室（8620）31105261
　　　　　营销部（8620）37331682　37331689
传　　真：（8620）31105289（办公室）　37331684（营销部）
网　　址：http://www.jnupress.com
排　　版：广州良弓广告有限公司
印　　刷：广州市金骏彩色印务有限公司
开　　本：787mm×1092mm　1/16
印　　张：15.25
字　　数：280 千
版　　次：2024 年 7 月第 1 版
印　　次：2024 年 7 月第 1 次
定　　价：69.80 元

前　言

　　随着教育改革的不断深入，初中物理教学的有效性问题日益受到教育界的关注。如何更有效地进行物理教学，帮助学生更好地理解和掌握物理知识，培养学生的科学素养和逻辑思维能力，已成为教育领域的重要议题。为了回应这一挑战，我们以学习进阶为理论依据，在课堂上进行了为期5年的概念教学实践研究，最终整理成这本《基于学习进阶的初中物理概念教学设计》一书。

　　物理学是自然科学的一门基础学科，它揭示了自然界中物质的基本结构和运动规律。初中物理教学是培养学生科学素养和逻辑思维能力的重要环节，而物理概念的抽象性和复杂性往往成为学生学习过程中的难点。因此，如何设计出一套符合初中生认知发展规律的教学方案，帮助学生更好地理解和掌握物理知识，就显得尤为重要。

　　在本书中，我们首先对物理概念及学习进阶相关理论进行了深入探讨。物理概念是物理学的基础，是理解和掌握物理知识的关键。而学习进阶则是指学生在学习过程中从低级到高级、从简单到复杂、从具体到抽象的认知发展过程。我们明确了物理概念学习的层级性和进阶性，即学生需要按照一定的认知顺序，逐步深入理解和掌握物理概念。

　　基于这些理论，我们设计出了一系列富有创新性的教学方案。这些教学方案以学生为中心，充分考虑学生的认知发展规律和兴趣点，注重知识的传授、能力的培养和思维的拓展。我们通过实际教学案例来展示这些教学方案的应用效果，旨在帮助教师更好地理解和掌握这些教学方案，从而在实际教学中加以应用。

　　这些教学方案不仅注重物理知识的传授，更强调学生能力的培养和思维的拓展。我们相信，通过这样的教学设计，学生不仅能够掌握物理知识，更能够学会如何运用物理知识去解释现象、解决问题，从而真正达到学以致用的目的。

　　为了帮助教师在实际教学中更好地应用这些设计，本书还提供了丰富的教学资源和建议。这些资源和建议涵盖了教学目标设定、教学内容选择、教学方法运用、教学评价实施等多个方面，旨在为教师提供全方位的指导和支持。我们相信，本书的出版能够为初中物理教学带来新的思路和方法，为推动物理教育的改革和发展贡献一分力量。

此外，本书的层级性与进阶性明确，强调物理概念学习的层级性，为读者清晰地展示了从基础到高级的物理概念学习路径。这既有助于学生逐步构建完整的物理知识体系，还为教师的教学设计提供了有力的理论支撑。同时，本书以学生为中心的教学理念贯穿始终，充分考虑学生的认知发展规律和兴趣点，致力于提升学生的主动学习能力和问题解决能力。

在本书中，我们提供了大量实际教学案例。这些案例均来自一线教师的教学实践，具有极高的参考价值和实用性。它们能够帮助教师更好地理解和掌握教学设计的理念和方法，还能够激发教师的教学创意，促进教师之间的交流和合作。我们相信，这些案例将为初中物理教学注入新的活力和灵感。

值得一提的是，本书既提供了教学设计的理论指导，还给出了具体可操作的实施步骤和建议。这些步骤和建议既符合教育教学的基本规律，又充分考虑了实际教学的需求和特点。它们能够帮助一线教师快速上手，灵活运用这些教学设计，从而提高教学效果和质量。

最后，我要衷心感谢我的同事刘翠平、高庆鑫、黄德汉、王元庆、梁树旋等老师，是他们的教学实践为本书提供了生动的案例。感谢参与本书审阅的同人。他们的辛勤工作和宝贵意见使得本书得以完善，并为读者提供了高质量的教学资源和指导。同时，我们要感谢所有关注和支持本书出版的读者。我们期待与您共同探讨和交流初中物理教学的经验和心得，为推动物理教育的改革和发展贡献我们的智慧和力量。

尤小蓉

2024 年 2 月 23 日

目 录
CONTENTS

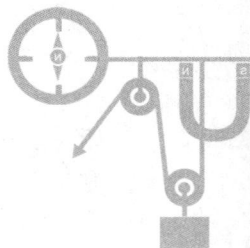

第一章　物理概念及学习进阶相关理论

第一节　物理概念概述

一、概念学习的意义

20 世纪末，我国进入第八次课程改革，在 2001 年和 2003 年先后颁布了义务教育阶段和高中阶段各科的课程标准。物理教育的目标由一直强调"双基"，即基础知识和基本技能，转向"三维目标"，即从知识与技能、过程与方法、科学态度与价值观三个方面来培育学生。现今，我国经济发展进入新常态，"中国制造"必将走向"中国创造"。从个体的角度来说，人的寿命是有限的，知识是永远无法学完的。受限于学习时间，个体不仅需要知识的积累，而且需要发展创新能力。为了培育面向未来的建设者和接班人，新的物理课程标准明确指出，物理课程旨在进一步提升学生的科学素养，为学生的终身发展，以及应对现代社会和未来发展的挑战奠定基础。2017 年和 2022 年先后颁布的《高中物理课程标准》和《义务教育物理课程标准》，明确指出物理学科核心素养主要包括物理观念、科学思维、科学探究、科学态度与责任四个方面。这四个方面并不是相互独立的，而是相互联系、共同发展的。物理观念的形成过程是学生经历科学思维和科学探究的过程，同时伴随着科学态度与社会责任的发展过程和对科学本质的认识不断深化的过程。因此，物理观念的培育是物理学科核心素养发展的有力抓手，具有统领价值，通过物理观念的培育，可以有效、全面地带动物理学科核心素养的发展。

物理观点是物理概念和规律在人头脑中的提炼和升华。学生物理核心素养的形成和关键能力的培育，都离不开物理概念、规律的学习和理解。教学中，通过对物理概念和规律的逐步学习、系统反思和迁移应用，既可以促进学生物理观念的形成和发展，还能发展学生的科学思维和科学探究能力。研究表明，核心概念的理解程度是影响个体创新能力的重要变量。通过核心概念的深层理解，既可以积累知识，还可以促进创新能力。因此，从全球科学教育改革的趋势看，提升学生的核心素养已经成为各国科学教育的基本目标，核心概念学习已成为在科学教育中落实核心素养目标的重要载体和途径。

二、物理概念的层级

物理概念是物理学的基石，但每一个物理量在科学概念学习中的重要程度是不同的。从科学概念的重要程度看，美国著名教育家赫德（Paul De Hart Hurd，1905—2001）认为，核心概念是位于学科中心的概念性知识，包括了对重要概念、原理、理论等的基本理解和解释，这些内容能够展现当代学科图景，是学科结构的主干部分。韦钰院士翻译的《科学教育的原则和大概念》一书，把大概念定义为能够用于解释和预测较大范围自然现象的概念，同时指出概念有大小之分，中等程度大小的概念可以连接到较大的概念，而较大的概念可以连接到更大的概念，即包含范围更大的概念。从知识认知的角度来看，美国课程专家埃里克森（H. Lynn Erickson）认为，核心概念是居于学科中心，具有超越课堂之外的持久价值和迁移价值的关键性概念、原理和方法。这些核心概念具有广阔的解释空间，源于学科中的各种概念、理论、原理和解释体系，为学科领域的发展提供了深入的视角，并能提供学科之间的联系。加拿大安大略省的科学课程标准指出，核心概念是指：在很长一段时间后，即使学生忘记了在课堂中所学内容的细节，依然应该记得的重要、普遍的概念。核心概念超越了那些孤立而散乱存在的事实或技能，侧重于那些关键的概念、原则和方法。理解核心概念，有助于提高学生的科学素养。

哪些是"少而精"的核心概念呢？

美国《新一代科学教育标准》中指出核心概念遴选的原则：①学科显著性，即核心概念在该学习领域具有广泛的重要性并且是关键的组织概念。②解释能力，核心概念能解释领域内的其他概念及问题。③生成性，能作为理解或探究更复杂概念的关键工作。④与生活实际紧密关联，包括两方面，即既要与学生的生活体验和兴趣紧密相关，还要与重大社会生活议题相关。⑤持续延伸性，核心概念需要从幼儿园到12年级都具有可教性与可学性。因此，美国的研制者经过充分讨论，确定出物质科学、生命科学、地球与空间科学等领域内共13个核心概念。其中物质科学涉及"物质的结构和特性""运动的稳定性与变化：运动相互作用""能量及其转化""波及其在信息传递技术中的应用"
这 4 个核心概念，并且分别以这 4 个核心概念组织课程内容。

《科学教育的原则和大概念》认为选择大概念应该具有的标准是：①能解
释众多的物体、事件和现象，而它们是学生从学校毕业后经常遇到的。②提供
一个基础，以帮助解决遇到的问题并作出决策，而这些决策将关系到学生自己
和他人的健康与幸福，以及环境和能源的使用。③当人们提出有关自身和自然
环境的问题时，他们为能够回答或能够寻找到答案而感到愉快和满意。④具有
文化上的意义，如反映科学史上的成就，来自自然的灵感和人类活动对环境的
影响。提出设计物理学科的核心概念包括"宇宙中所有的物质都是由很小的
微粒构成的""物体可以对一定距离外的其他物体产生力的作用""改变一个
物体的运动状态需要有净力作用于其上""当事物发生变化或者改变时，会发
生能量的转化，但在宇宙中能量的总量是不变的"。

从以上分析可以发现，这些核心概念与《义务教育物理课程标准》中的
"物质""能量""运动及相互作用"这三个一级主题内容相似。张坤在其博士
学位论文《我国初中物理核心概念调查研究》中，通过比较分析、问卷调查，
确定了初中物理核心概念，共计 18 个。其中"物质"主题有 2 个，分别是密
度、物质的三种状态及变化；"运动与相互作用"主题有 8 个，分别是力、重
力、摩擦力、压强、速度、光的反射、平面镜成像、凸透镜成像；"能量"主
题有 9 个，分别是能量的转化和转移、功、电流、电阻、电路、串并联电路、
欧姆定律、电功、电功率。

三、物理概念的层级分析

20 世纪 60 年代，奥苏贝尔提出"有意义学习"这一概念。在此基础上，
奥苏贝尔把学习分为下位学习、上位学习和并列结合学习三类。因此，概念可
以分为上位概念、下位概念和并列概念。所谓上位概念就是包摄性更强的概
念。上位与下位是包含与被包含的关系，或者说总括与从属的关系，反映概念
的包摄水平的不同。

奥苏贝尔还在此基础上提出了关于学习的两条基本假设：其一，学生从已
知的包摄性较广的整体性知识中掌握分化的部分，要比从已知的分化部分中掌
握整体知识难度低一些。也就是说，下位学习比上位学习更容易。其二，学生
认知结构中对各门学科内容的组织，是依次按包摄性水平组成的。包摄性最广

的概念在该结构中占据最高层次，下面依包摄程度下降而逐渐递减。

北京师范大学郭玉英物理教育研究团队在学习进阶研究的启发下，试图从科学概念体系本体角度出发，描述学生在特定阶段所学习知识的连续且有层级的发展路径。陈佩滢和刘艳芳均在其硕士学位论文中界定了概念层级结构的内涵——对某一主题的核心概念的连续且有层级的发展路径的描述，并把概念层级结构分为两种类型：其一，同一阶段不同概念间的进阶。如学生在"欧姆定律"这一主题时，涉及不同概念间的进阶，这些概念之间存在着一定的先后顺序和层级关系。学生要先建立"电荷"的概念，然后建立"电流"的概念，最后建立"欧姆定律"的概念，这些概念之间存在层级关系。其二，不同阶段同一概念的进阶。如"摩擦力"这个概念在初中、高中都要学习，但掌握这个概念的内涵和外延是有所不同的，即概念的认识在不断发展。

针对学生在不同阶段对概念认识的深度和广度的变化情况，已有关于核心概念的层级研究达成共识：科学教育应当重点关注一些核心概念，核心概念包括对重要概念、原理、理论等的基本理解和解释，核心概念与其统领下的重要概念、原理、理论之间有层级关系。

由于物理概念描述的对象、概括化水平、功能等方面各不相同，物理概念之间的关系种类很多。概括起来，物理概念之间的关系大致包括以下几类：

第一，概念间的包摄关系，或称作上下位关系。即两个概念由于外延的大小不同，从而包摄水平也不同，如机械运动概念是比匀速运动和匀变速运动等概念包摄性更强的概念。

第二，概念间的表征关系。即两个概念在描述事物的同一本质特征时，使用了不同的表征手段，如磁感线是对磁场概念形象化的表征。

第三，概念间的逻辑递进关系。即一个概念是在另一个概念基础上经过进一步逻辑推理得出的，如加速度、速度、位移、位置间的关系。位移是对位置变化的描述，而速度是对位置变化快慢的描述，加速度则是对速度变化快慢的描述。

第四，概念间的构成关系。即一个概念反映的是其他几个概念之间的关系，那么这个概念与其他几个概念便是构成关系。如牛顿第二定律，反映的是物体运动的加速度与物体质量及所受合力。加速度、力、质量三个概念与牛顿第二定律之间便是构成的关系。

第五，概念间的解释关系。即一个概念是对宏观现象与事实的抽象概括，另一个概念是对宏观现象与事实产生机制的理解。如电场强度 $E = F/q$ 是对电场的强度和方向的描述，而电场强度 $E = kQ/r^2$ 则是对点电荷电场中电场强度大小和产生方向、产生机理的解释。

第六，概念间的属性关系。即一个概念是另一个概念的特征表达，如电荷与电荷守恒之间就是属性关系。电荷守恒定律是电荷在转移过程中遵循的属性。

需要说明的是，概念之间逻辑关系的具体内容包括两部分：一是两个概念之间的连线，一个概念对应的连线越多，说明发自这个概念或者指向这个概念的关系越多；二是连接词，即两个概念之间的具体关系。这两部分内容共同描述概念之间的逻辑关系。

分析概念之间的关系是构建物理概念层级结构的重要环节。分析两个概念之间的关系可以采取以下步骤。首先，分别分析两个概念的内涵和外延；其次，确定两个概念在内涵和外延方面是否存在逻辑、包摄、表征、构成、解释、属性等关系；最后，表达两个概念之间的关系。

构建科学概念之间的联系，重点可以从以下几个方面着手：

（一）分析不同层级科学概念间的逻辑关系，建立科学概念间的观念

上层概念具有比下层概念更高的抽象概括水平，需要通过若干下层概念联合起来共同支撑。如"运动和相互作用关系"这一主题概念需要力、速度、加速度等重要概念支撑，它们之间显然有紧密联系。

（二）分析同一层级科学概念间的逻辑关系，构建科学概念间的关联

分析同一层级科学概念间的逻辑关系，可以构建关系概念，例如分析时间、位移、速度与加速度的关系，可以得到速度—时间关系概念和位移—时间关系概念。分析同一层级类科学概念间的关系，有利于厘清科学概念的外延。

（三）在不同主题下分析重要概念，构建科学概念间的联系

有些重要概念是跨学科的，如"加速度"。因此，通过分析重要概念，可以构建不同主题下科学概念之间的关联。例如，加速度是"机械运动"这一主题核心概念之下的重要概念，用来描述速度变化的快慢；同时，加速度又是"相互作用"这一主题核心概念下的重要概念，用来描述力的作用效果。因此，分析加速度这一跨学科的科学概念，可以建立"机械运动"与"相互作用"两个主题间的关联。

（四）以共通概念为纽带，构建不同主题下概念间的关联

共通概念是涉及科学和技术等各个领域的最基本的概念。这些概念超越了学科界限，反映出不同学科的内在统一性，并且相对稳定，对于各种文化概念都普遍适用。共通概念侧重跨学科内容的组织。事实上，不仅跨学科内容的组织需要共通概念，同一学科内不同主题的组织也需要共通概念。如密度、速度等不同主题下的概念可以通过"变化率"组织起来。

四、概念层级结构模型

划分物理概念的层级一直是物理概念研究领域的一个难点。为了更方便地研究物理概念层级结构中"阶"的划分，根据概念的抽象概括水平，郭玉英、张玉峰提出了概念层级结构模型，如表 1 – 1 所示。

表 1 – 1　概念层级结构模型

层级水平与名称	层级说明与例子
层级 4：学科核心概念	涵盖学科内多个主题，可以组织整合学科内容的少数关键概念，如"运动与相互作用"。
层级 3：主题核心概念	组织整合某个主题内容的少数关键概念，如"机械运动"。
层级 2：重要概念	构成科学理论体系的基石，是构成科学知识的最重要的元素，如加速度。
	层级 2.2：关系概念，把两个或者两个以上的基本概念或基础概念连接在一起，反映基本概念之间的关系，如匀速运动的"位移—时间关系"。
	层级 2.1：基本概念，在人类探索自然规律的过程中，为了描述客观事物某一方面的本质属性而定义的物理概念，如"速度"。
层级 1：基础概念	通常是从学习者的知觉感受直接概括出的，是人类构建的物理概念，并以此作为认识客观世界的起点或者工具。一般与生活、生产实践中的现象、事实直接对应或者紧密联系，如"位置"。

从总体上看，物理概念层级结构模型的构成要素包括四个层级的物理概

念，以及它们之间的联系。按照抽象概括水平从低到高依次为基础概念、重要概念、主题核心概念和学科核心概念。其中重要概念分为基本概念和关系概念两个亚层，主要的原因：其一，一个学科的重要概念构成了这个学科的知识主体，重要概念数量较多；其二，大量的重要概念之间具有一定的层级结构。

概念的抽象概括水平可以作为概念层级结构划分的重要依据之一。学科核心概念在层级模型中处于最高层级，属于包摄水平最高的物理概念，跨越单一主题，几乎涵盖学科的各个主题，如能量概念涉及物理学科的力学、电磁学、热学、光学、原子物理等各个主题。主题核心概念是学科核心概念在主题中的具体化，在物理概念层级结构模型中介于学科核心概念与重要概念之间，抽象程度也介于两者之间。如"能量"作为学科核心概念涉及物理学科内全部主题，而"机械能"作为学科核心概念下的主题核心概念仅涉及宏观物体的机械运动。重要概念是学科核心概念在研究对象上的具体化，在物理概念层级结构中处于主题核心概念和基础概念之间，概括水平也介于两部分之间。重要概念是构成学科理论体系的基石，是科学知识的主要组成部分。学科核心概念和主体核心概念不是孤零零的，而是由他们统领下的大量重要概念及其关系组成的。通过学习这些重要概念及其关系可以促进对核心概念的理解。根据重要概念描述客观事物的角度不同，可将其分为基本概念和关系概念。基本概念往往是在探索自然规律的过程中，在学科核心概念范围内为描述研究对象的单一属性而定义的物理概念。许多基本概念可以量化，在物理学中一般称为物理量，如电学中的电压、电流等概念。基本概念往往是从学科核心概念的角度描述客观事物的某种属性，如密度是描述物质的疏密程度的性质。关系概念是把两个或两个以上的基本概念连接在一起，以达到对客观事物进行更加全面的描述的目的，既反映了基本概念之间的关系，又反映了不同学科核心概念之间的联系。关系概念常常可以用数学方程表达，如焦耳定律。需要指出的是，关系概念中两个基本概念是彼此独立的，不同于基本概念的定义式。基本概念是不局限于主题核心概念（甚至学科核心概念）的科学概念，处于物理概念层级结构模型的最底层，是从学习者的知觉感受直接概括出的概念。它是人类构建物理概念，并以此认识客观世界的起点或者工具。例如，时间、长度是若干学科核心概念统领下的基本概念，是人类认识客观世界的重要工具。基本概念一般与生活、生产实践中的现象、事实直接对应或者紧密联系，有些基础概念则来自数学等基础学科。基础概念是定义基本概念的基础和前提，抽象概括水平显然低于基本概念。大部分基础概念是定性的，并且具有较高的直观性，如参照物、位置等。这些概念与人们日常生活中的知觉有着密切关系，是人们认识路程、速度等基本概念的基础和前提，也是人们认识运动现象的最基本起点。

第二节　概念的学习

一、什么是概念

概念是人类所认知的思维体系中的构筑单位。它是一种抽象化的思维形式，用来描述和解释特定对象或事物。概念可以表达为词语、符号、图像、声音等不同的形式，但最基本和常见的表达方式是词语。

概念的表达方式主要有以下几种：

下定义：通过给概念下定义来明确概念。例如，圆的定义为"平面上所有点到定点（O）的距离等于定长 r 的点的集合"，其中圆的概念通过下定义来表达。

列举式表达：通过列举概念所包含的各个具体实例来表达概念。例如，鸟的概念可以通过列举出麻雀、鸽子、天鹅等具体鸟类来表达。例如，狮子的概念可以通过给出其最典型实例（非洲狮）来表达。

种差加属概念定义：通过给出概念的上级概念和其与相邻下级概念的差别来明确表达概念。例如，等边三角形的概念可以通过给出上级概念（三角形）和与其相邻下级概念（等腰三角形）的差别（底边与腰相等）来表达。

描述性定义：通过给出概念的上下文或背景，以及与其他相关概念的关联来表达概念。例如，人类的概念可以通过给出其上下文或背景（生物分类学中属于灵长目人科人属物种），以及与其他相关概念的关联（与动物、生物等概念相关）来表达。

二、物理概念与物理量的关系

物理概念是物理现象的共同特征和本质属性在人脑中概括和抽象的反映，是对物理现象和物理过程的抽象化和概括化的思维形式。物理量则是物理学中量度物质属性或描述物体运动状态及其变化过程的量，是一种可以量化的概念。概念的引入是为了抽象出物理现象的本质属性和共同特征，从而形成对物理世界的科学认识。物理量的引入则是为了对相应的物理概念在量方面进行定量化，从而更准确地描述物理现象和过程。概念是对物理现象的抽象概括，而物理量是对物理概念的数量化表示，使我们对物理现象的认识更加精确，即物理量是物理概念之一。物理量的理解有助于物理概念的理解和学习。

按照分类标准的不同，物理量可以有以下不同的分类。

（一）状态量和过程量

状态量是描述物质系统在某种状态的性质，对应的是某个时刻。研究对象的状态一定，它就有确定的量值，如位置、速度、动量、动能、角速度、角动量、压强、温度、体积、势能等。又如能量是描述物体或系统在运动、相互作用或转化过程中所能具有的能量总和的状态量。与此相关的包括动能、势能、内能、电能等。动量是描述物体或系统在运动过程中所具有的物理量，与物体的质量和速度相关。在碰撞、打击等过程中，动量是一个重要的物理量，电荷是描述物体或系统所带电量的物理量。在电学和电磁学中，电荷是一个重要的状态量，与电场、电流等密切相关。此外，力学中的速度、机械能是描述运动状态的物理量。压强、体积和温度是描述气体状态的物理量。这些状态量可以描述物质系统的某个时刻的状态，对后续的状态变化具有重要的意义。

过程量是描述物质系统状态变化过程的物理量，与时间变化量相对应。常见的过程量有冲量、力矩、功、电功、电功率、热量、速度改变量等。过程量是一个物体或系统在一定时间间隔内从一个状态变化到另一个状态的过程中所经过的物理量，可以用来描述物质系统状态变化的过程。力学中的路程、时间、功，热学中的热量等，都是过程量。如冲量是描述物体或系统受到外力作用时所受到的冲量大小和方向。在动力学中，冲量是物体或系统动量变化的原因。功是描述物体或系统位移的积累效果，与力和位移两个物理量相关。功是能量转移和转化的方式之一，可以描述系统能量的变化。热量是描述热能传递过程中的物理量，与热传导、热对流、热辐射等过程密切相关。热量是热力学和传热学中的基本物理量之一。速度改变量是描述物体或系统的速度在一段时间内的变化，与时间间隔加速度等物理量相关。

（二）性质量和作用量

性质量是指物体的某些性质或特征的物理量。性质量是一个相对的概念。它与物体的性质和特征有关，不同的物质具有不同的性质量，如比热容、密度、刚度、热膨胀系数、电阻率、折射率等。比热容是表示物体吸热或放热能力大小的物理量，单位是焦耳/摄氏度。比热容越大，表示物体吸收或放出的热量越多，与物体的质量、温度和状态等有关。密度是表示物体单位体积内物质的质量的物理量，单位是千克/米³。密度越小，表示物体单位体积内物质的质量越小，与物体的体积和质量等有关。刚度是表示物体在受到外力作用时抵抗变形能力的物理量，单位是牛顿/米。刚度越大，表示物体在受到外力作用时变形越小，与物体的形状、材料和受力情况等有关。

作用量是描述物体间相互作用的量，表示一个动力物理系统内在的演化趋势，如自由粒子的作用量、标量场的作用量、电磁场的作用量等。在中学物理中，通常不会涉及太多作用量的概念。

（三）矢量和标量

矢量是既有大小，又有方向，并且运算遵从平行四边形法则的物理量，如力、速度等。标量是只有大小，没有方向，运算遵从代数法则的物理量，如时间、质量、功、能等。

（四）基本物理量和导出物理量

基本物理量是人们根据需要而选定的，其数目应该是能明确地描述物理学中所有量所必需的最小数目。基本物理量之间是相互的。目前，国际单位制中采用的基本物理量有七个，即长度、质量、时间、电流、热力学温度、发光强度、物质的量。基本物理量的单位叫作基本单位。在国际单位制中，这七个基本物理量的单位分别是米、千克、秒、安培、开尔文、坎德拉、摩尔。导出物理量是以基本物理量为基础，按照某种定义或根据有关公式推导出来的物理量，因此一切导出物理量都可以用基本物理量的形式来表达，如速度、密度、功等。

物理概念是客观事物或者过程的物理本质属性在人头脑中的反映。物理概念是观察、实验和科学思维相结合的产物。因此，物理概念有多种表达形式。除了用名词表征的物理量，物理概念的表达形式主要有以下几种：

文字表达：用文字来描述和表达物理概念。例如，牛顿第一定律表述为"每个物体都会继续保持静止状态，或匀速直线运动，除非施加在其上的力迫使它改变该状态"。

数学表达式：用数学公式或方程来表示物理概念。例如，力 F 等于质量 m 乘以加速度 a，即 $F = ma$。

图表：用图表的方式来表示物理概念。例如，速度图是一条曲线，表示物体在不同时间点的速度。

模型：用物理模型来演示或模拟物理概念。例如，弹性碰撞模型可以模拟两个小球在碰撞时的运动情况。

实验：通过实验来演示或验证物理概念。例如，通过测量光的速度来验证光速不变原理。

以上是物理概念的主要表现形式，它们有助于我们更好地理解和应用物理概念。

三、物理概念学习层级

科学概念的学习与理解历来是科学教育研究的重点问题。从概念的本质出发，物理概念是在观察、实验的基础上，运用科学的思维方法，排除片面的、偶然的、非本质的因素，抓住一类物理现象共同的本质属性，加以抽象和概括而成的。学生通过观察等行为，在头脑中形成对客观事物的感觉和知觉，在此基础上建立客观事物的表象，最终经过科学思维，形成物理概念。因此，在概念形成过程中，观察、感觉、知觉、表象等是基础，科学思维是关键。

物理概念学习是指个体弄清楚物理事实或者经验与概念，以及概念与原有概念体系间实质性联系的认知过程。影响概念学习的主要因素包括：原有知识或者事实经验、数学工具、物理思想方法、跨学科概念、科学本质和实践活动。乔际平等人关于概念学习的研究指出，概念学习的内容包括：①了解用已知概念解决问题的困难；②初步理解建立概念的必要性；③了解怎样建立概念；④感受并初步理解概念的主要内涵；⑤明确定义表述、定义式及其字母的含义、数学关系。林静基于学习科学，提出科学概念学习包含历经冲突、抽象概括、迁移运用三个环节。因此，在素养时代，概念的学习过程包括在事实与经验基础上对客观事物本身的认识与把握，即概念本身；也包括概念建立所需要的程序性知识、思想方法，以及把新学习的物理概念纳入学习者原有的概念体系中去融合贯通而建立的新概念体系，即概念学习过程须经历抽象过程、整合过程、反思过程。如图 1 −1 所示：

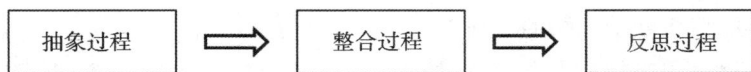

抽象过程 ⟹ 整合过程 ⟹ 反思过程

图 1 −1 概念学习过程

抽象过程中抓住事物的共同特征和本质属性，整合过程将新概念纳入上位概念体系，反思学习过程及思想方法，从而理解概念，实现概念学习。对应的物理概念学习内容分别是：①物理概念本体，具体包括概念的内涵与外延等内容；②扩展后的概念体系，即原有的概念体系得到拓展，具体包括新学习的物理概念与其他物理概念之间的联系，及其与核心概念的联系；③反省认知知识，指在概念学习后经过反思形成的认知策略等思维工具。

关于学习研究，特别是概念学习研究，已经取得了大量的阶段性成果。比如构建主义教学理论认为，学习是一种能动的构建过程。奥苏贝尔的认知同化理论同样重视概念的意义学习，认为学生的学习应该尽可能地有意义，并区分了接受学习与发现学习、机械学习与意义学习。在科学概念转变研究中，如Posner 提出基于认知论的概念转变模型，Vosiniadou 提出基于朴素理论的概念转变理论等。Vosiniadou 等人分别从概念转变的层级、类别、条件等维度研究从前概念到科学概念转变过程的难度。同时，诸多研究者提出并实践"认知冲突""脚手架"等科学概念教学策略，取得一定的成就。Hewson 在Posner的研究基础上提出了"概念状态"的概念，采用外部可观测的"概念状态"作为描述学习者概念转变水平的评价指标。近十年来，科学教育领域的研究者开始聚焦核心概念及学习进阶的研究，对核心概念的定义、学习进阶的定义及其构成、特征等内容达成一定的共识，并且围绕一些核心概念构建并验证了学习进阶。

在学习进阶的理论中，关于核心概念及其层级的研究发现：概念有大小之分，具有层级结构；物理概念不只是相互关联的，也处于不同层级结构之中；教材等影响学生学习的材料在呈现物理概念时也遵循从简单到复杂、由浅入深的路径。因此，物理概念层级结构是对核心概念统领下大量具体概念构成的连续且有层级的概念序列的描述。构成概念序列的众多具体概念共同促进对核心概念的理解。概括起来，物理概念层级结构的内容主要包括三个方面：一是核心概念统领下的大量具体物理概念，称为"节点"，这些具体物理概念构成了物理概念层级结构的主要内容；二是节点之间的联系，即物理概念之间的关联；三是大量物理概念构成的概念序列中有哪些概念存在本质差异，这些具有本质差异的概念处于不同的"阶"。

物理概念层级结构分析的基本思路是：第一步，确定概念层级结构的节点，即具体概念，并进一步确定这些节点中哪些是概念层级结构的起点和目标；第二步，分析这些具体概念呈现怎样的序列，及分析从起点开始，需要哪些具体概念，才能达到进阶的目标；第三步，综合考虑具体概念的抽象概括水平、具体概念之间是否存在本质差异等因素划分"阶"；第四步，以一定的范式呈现物理概念层级结构。

《义务教育物理课程标准》是关于初中物理课程和教学的纲领性文件，在内容标准中对初中物理的教学内容作了明确规定。而初中物理教材则是对课程标准的具体化呈现，对课程标准规定的内容作出更加详尽的阐释，两者具有较高的一致性。尽管在统一的课程标准下，几种版本的教材共存，但这些教材在基本内容上大同小异，主要在内容编排顺序、呈现方式等若干方面存在一定的差异。本研究强调在学校正常教学条件下的物理概念层级结构，而学校统一执行国家课程标准并使用经过国家统一审定的教材。因此，课程标准和教材应该是分析物理概念层级结构所包含的概念及逻辑关系等内容的主要依据。确定概念层级结构的依据除了课程标准和教材，还包括各国际课标的比较和鉴定、已有的相关内容研究等。确定节点的一般思路：第一，依据国际国内课程标准，梳理特定主题或者核心概念下包含哪些具体概念；第二，参照课程标准、相应的教材，分析有哪些具体概念可以支撑起对主题或者核心概念的理解；第三，综合物理学的内容体系、学生的学习情况等方面的因素确定节点。

因此，在本土的概念学习研究中，郭玉英、张玉峰老师提出了概念层级结构模型，学生在概念学习过程中可依据概念层级结构，遵循进阶的路径，实现对核心概念的深刻理解。

第三节 基于学习进阶的物理概念学习

一、学习进阶概述

2005 年，美国国家研究理事会在其承担的"幼儿园至高中科学成就测验的设计"项目中指出，科学评估体系必须考虑学生的理解水平是如何发展的，以及各学段学生发展的连贯性。为了呈现这种发展的连贯性，Duncan 首次提出了学习进阶的概念。他在研究中指出：学习进阶是以实证为基础、可预测的假设，假设学生在适当的教育学条件下对科学的核心概念、科学解释以及相关的科学实证的理解、应用能力，随着时间推移逐渐从简单到复杂的发展过程。北京师范大学生物系刘恩山等人提出，学习进阶是学生在各学段学习同一主题概念时所遵循的连贯的、典型的学习路径的描述，一般呈现为围绕核心概念展开的一系列由简单到复杂、相互关联的概念序列。

学习进阶具有如下特征：①围绕核心概念展开。核心概念包含了大量的具体事实、理论、推理、技能等概念性的主题。根据学科原理，它们之间有一个内部结构。根据学习理论，学生有心理结构，因为这些结构的存在，核心概念需要经过多年连续学习和发展，如能量、平衡等核心概念。②有从低到高的层级系列。学习进阶描述了学生由低水平向高水平学习发展的路径。路径的起点是学生进入学习前知道什么以及能做什么，终点是期望通过学习后能知道什么以及做什么。在起点和终点间，可以有多个过渡的中间水平，并且这些水平间是逐级深入的。③学习进阶没有单一固定的路径，会受到教学等外部条件的影响，从相同的起点，经历不同的路径，指向相同的终点。美国的《新一代科学教育标准》指出，如果科学教育的终极目标是掌握科学的核心概念，设计良好的学习进阶就是你实现目标的路径。

Duncan 指出，一个完整的学习进阶必须至少包含五个要素：①学习目标或清晰的终点，是处于学习进阶的最高阶段。②过程变量，反映的是学生对科学概念理解和技能随时间发展的关键要素。③成就或进阶水平，确定了大多数学生对概念理解或技能发展的中间步骤。④学习表现，这是对学生的认知和技能在学习进阶中各个阶段的可操作性的定义。⑤评价，用于检测学生对关键概念的理解或实践预设的学习进程随时间发展的状况。学习进阶的重要一环是学习进阶的假设。进阶假设的呈现形式通常分为两种：一种是升阶法，另一种是全景图法。升阶法描述的是学生在一个时间跨度内对一个主题的理解水平呈现出按照线性方式逐渐提升的一个过程。升阶法构建的是学习进阶中包含一系列高低不同的水平，这些水平中的最低水平被称为进阶的起点，最高水平被称为进阶的终点。进阶起点和终点之间包含着一个或者多个中间水平（图1-2）。升阶法构建的学习进阶，仍然保持围绕核心概念组织起来的各种标准或者社会期望的框架，不同的知识或者技能联系起来，共同促进学生的理解水平向更高层级发展。

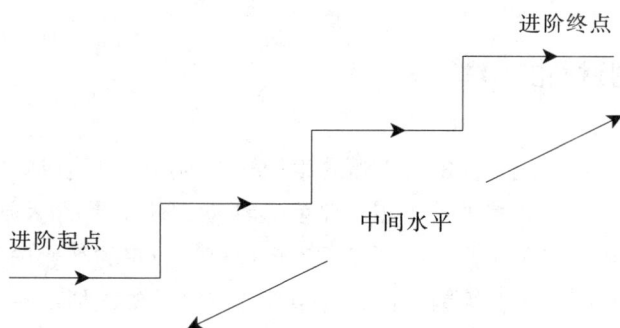

图 1 - 2 升阶法

全景图包括可以促进科学概念学习的各种要素。全景图法始于对学生需要知道或者掌握的知识和实践的界定，并且确定促进学生达到期望的理解状态所需要的支撑概念，如知识、内容、技能等。然后，通过构建知识间的联系，从而形成表征进阶的网络。用全景图法构建的学习进阶图通常呈现网状结构，由概念或者事实作为节点，配以箭头表征出概念之间的相互支撑的关系，最后的概念指向就是学习进阶的终点（图 1 -3）。

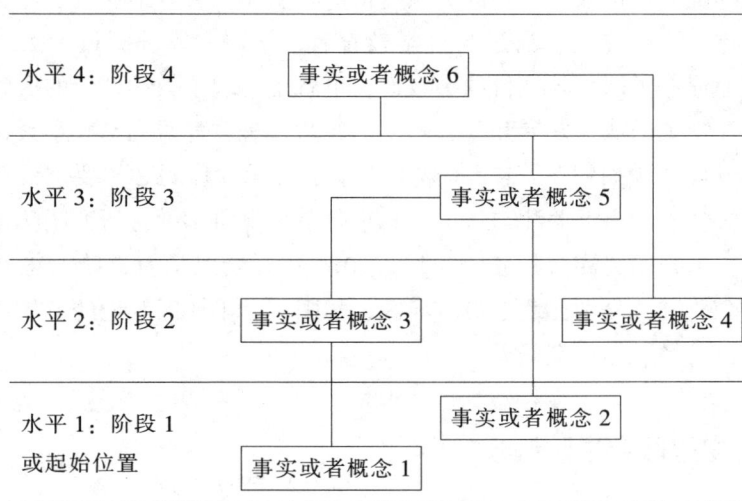

图 1 - 3 全景图法

二、学习进阶的功能

科学教育需要大概念，围绕大概念组织知识内容，以达成对科学课程中零散概念的整合，并在此基础上组织科学实践活动，使学生的学和做融为一体。在实践中理解和构建科学概念，已经成为现代科学教育的必然选择。但是直接学习大概念却是困难的，因为大概念复杂程度高、抽象概括水平高，所以它往往超出了年幼儿童的水平。因此，不能直接把大概念教给学生，否则他们获得的是抽象的词汇。也就是说，要理解大概念的形成不可能是突然实现的，需要设计一个学习的经历。这个学习的经历，实际上就是学习进阶。

学习进阶在以下三个方面有重要的意义：①在课程标准方面，学习进阶可以为课程目标水平的制定提供现实可靠的依据，使课程标准具体化、可操作化，促使课程围绕核心概念、实践展开，促进知识与实践的结合。②在教学方面，学习进阶有助于教师设计教学目标与选择和实施课堂教学策略。通过学习进阶测量评价得到的信息可以帮助教师和课程编制者更加深入地了解学生的内在思维，从而采取更好的教学策略。③在评价方面，学习进阶使得课程标准的说明以及标准与评价项目之间的关系变得清晰明显，有效地体现了课程标准并使其具体化、可操作化。通过与科学教育者、学习专家、测量专家之间的对话，极大地促进了课程与评价的一致性，也就是实现了教学评价的一致性。学习进阶关注学生的认知发展和已有的生活经验，是教育研究与教学紧密结合的桥梁，是设计"少而精"、连贯一致的中小学科学课程的必然要求，其价值已经得到了科学界的广泛关注与认可。北京师范大学科学教育研究团队紧跟国际研究趋势，也开始关注应用学习进阶，2014 年开始以学习进阶为工具进行物理教学概念研究，分别在北京市海淀区、朝阳区、丰台区等地的学校进行课堂教学改进，已经取得一定成果。

三、物理概念进阶假设

构建物理学习进阶假设是开发学习进阶的首要步骤，也是基础环节。克努特等人根据有关学生概念学习进阶假设，以学生所理解的概念的复杂度作为学生对概念理解水平的变量，认为学生知识的复杂程度按照由低到高的顺序，主要有事实层级、对应层级、关联层级、概念层级。事实层级是指个体拥有碎片化的知识，这些知识彼此孤立，缺乏联系。对应层级指个体所拥有的碎片化的知识之间有简单的联系。关联层级指个体所拥有的知识间有较高质量的联系。概念层级指个体所拥有的知识交织在一起，具有复杂的联系，并形成特殊的结构。建构主义模型强调自我反思活动是学习的一个重要方面，并且反省知识是关于并且高于认知的。因此，作为物理概念学习进阶的最高阶应包括对认知概念所使用的程序性知识的整合，即经整合形成的关于做事策略的知识。也就是说，"整合"才是学习进阶的最高层级。郭玉英老师的研究团队以物理概念的认知复杂度为自变量，提出具有物理学科特色的概念学习进阶模型各层级的名称和各层级的描述说明，如表1-2所示。

表1-2　概念学习进阶模型各层级

概念学习层级	概念层级描述
事实经验	碎片化的事实或者经验
映射	事实经验与科学术语之间的简单对应
关联	事实经验中相关物理量与概念之间的联系
概念	概念与多个事实经验本质特征之间的定量关系
整合	在核心概念下的概念体系整合，概念与跨学科概念之间的联系，反思概念理解过程中获得的反省知识

第一，事实经验。事实经验是未加任何抽象概括的客观现象，或者是经历过的事物在头脑中留下的感性认知。其显著特点是碎片化的，相互之间没有建立联系。这些事实与经验是指个体头脑中已有的日常生活经验与先前学习的结果，也包括在课堂教学中及时观察到的实验现象与事实。这里的事实与经验是正确的，不包括头脑中已有的错误概念。

第二，映射。事实经验与科学术语之间的简单对应一般情况下是建立在客观事物表面现象的基础上的，限于现象的描述而不涉及对现象的解释和事物的本质特征，也不涉及对科学术语的深层内涵理解。有时映射可能只是对客观现象进行类比的结果，比如说重力对应重力场，那么静电力可能对应静电场。因此，把大量的静电现象与静电场建立对应关系，但并未揭示静电场的内涵。科学术语是对事实经验的最初步概括，甚至有可能并不是最终科学共同体所选择的科学术语，但可以揭示物理概念的意义或者体现科学中引入此物理概念的必要性。

第三，关联。关联是指建立事实经验中相关概念之间的联系，但并未整合这些联系。这些联系可能是定性的，也可能是定量的，对认识客观世界至关重要。比如说建立物体的加速度与质量的定量关系，以及加速度与合力的定量关系，但并未整合这两个关系。联系水平既可以是定性的，从事实经验中排除无关因素并抽象概括出与概念相关的物理量，是建立概念关联的第一步。比如建立密度概念时，需要排除物体的性质、材料、形状等无关因素，建立密度与质量和体积的定性关系。定性关系主要是指因变量随自变量的变化趋势，定量关系是指两者之间的数量关系，都属于关联层级。

第四，概念。概念是对事实经验的本质特征的反映，是对事实经验的本质概括。因此，概念是对若干关联的整合。比如速度概念是对各种物体运动快慢这一本质属性的反应，可以用数学表达式，也可以用图像等形式来表达。

第五，整合。整合是建立概念与对应的大概念的实质性联系，在核心概念统整下概念之间的逻辑关系，以及对从事实经验、映射、关联直到概念整个认知过程的反思基础上形成的反省知识。因此，整合比理解物理概念本身具有更高程度的认知复杂性，是物理概念理解的最高认知层级。如上所述，整合层级的内容主要包括四个方面：具体概念与对应核心概念的关联、具体概念与跨学科概念的关联、围绕大概念建立具体概念之间的关联、对头脑中认知概念过程进行反思所形成的反省知识。

从概念及其学习特点，结合教学实践经验，可以发现不同层级之间存在"阶"。

（一）"事实经验"层级到"映射"层级之间存在"阶"

概念学习从"事实经验"层级上升到"映射"层级，需要认识为什么构建科学概念，要对大量事实经验进行抽象、概括，得出他们的共性，并将共性与术语建立具有实质意义的联系。在这一过程中，学生首先需要获得数量足够、类别多样的事实经验，途径可能是日常生活的观察，也可能是课堂的实验观察；通过抽象概括建立模型的过程，还可能使用跨学科概念、物理学思维方法等。这些内容都可能成为学生概念学习的困难和障碍。

（二）"映射"层级与"关联"层级之间存在"阶"

概念学习在"映射"层级上只是建立了事实经验和科学术语间的联系，在一定程度上揭示了概念的意义，或者说引入概念的必要性，但并没有从物理本质角度揭示概念与其他物理概念之间的定性关系，甚至定量关系。而概念学习的"关联"层级需要揭示此种关系，要经历科学探究，采用各种思维方法，进行推理论证，借助数学工具表征概念与其他物理量之间的关系等一系列思维过程。上述学习过程中的科学探究、思维方法、数学工具、推理论证等思维活动，都有可能成为学生学习的困难和障碍。

（三）"关联"层级与"概念"层级之间存在"阶"

概念学习在"关联"层级上只是建立了概念与其他单个物理量之间的联系，并没有进一步整合这些联系，即建立这些联系之间的联系。要建立这些联系之间的联系，就需要学生经过推理、论证的思维过程。这一过程需要学生在获得概念与其他相关物理量之间联系的基础上，从多角度系统思考事物本质特征之间的关系；灵活使用物理思维方法，如理想模型、类比、比较与分类等；甚至借助数学工具，进行推理。在上述学习过程中，从多角度进行系统思考，物理思维方法的灵活使用，借助数学工具进行推理与表征等，都可能成为学生学习的困难和障碍。

（四）"概念"层级与"整合"层级之间存在"阶"

揭示概念的内涵之后要进一步建立概念与其对应核心概念之间的联系；内化概念，建立概念与相应跨学科概念之间的联系；还要反省建立概念的过程，从而积累反省知识。从学生的学习实际来看，上述过程都可能成为学生的学习困难和障碍。

概念层级结构中的有些概念对其他的概念往往产生重要影响，这样的概念常称为"关键概念"。关键概念在概念层级结构中可以是基础概念、基本概念或者关系概念，但这些概念都是同一"阶"内的概念之间联系的丰富程度。因此，构建物理概念学习进阶假设：首先，以学校正常教学条件下确定物理概念学习进阶的最高阶和最低阶；其次，结合物理学科知识体系，以认知复杂度作为概念学习进阶变量，划分中间层级；最后，以 SOLO 学习分类理论为依据，拟定物理概念学习进阶中"阶"的具体表现。

具体流程方法如下：

第一，确定物理概念学习进阶假设的最高阶和最低阶直接影响进阶假设的应用。最高阶和最低阶的确定往往受学生学习基础、课程、教学条件等因素的影响。

1. 确定物理概念学习的最低阶

确定最低阶的标准通常参考学生学习物理概念前的已有相关知识基础。从最一般的意义上讲，现代学习观就是人们利用自己已经知道的或者相信的知识去构建新知识和对新知识的理解。因此，通过对理解物理概念所需要的原有知识基础的分析，可以确定物理概念学习进阶的最低阶。也就是说，可以把学习者学习物理概念前所拥有的与物理概念本身有密切联系的碎片化的事实或者经验作为物理概念理解的起点。

2. 确定物理概念学习的最高阶

首先，通常会参考一些政策文件，如国家或者地区统一制定的课程标准或专业比较，也可以参考科学教育理论。整合与发展作为当代基础教育阶段科学课程改革的核心理念，已经体现在发达国家的课程文件中。对认知概念过程中所使用的程序性知识进行整合，形成关于做事策略的知识。

其次，根据概念抽象程度确定概念学习的"阶"。"阶"的确定参照郭玉英、张玉峰提出的概念层级及表现形式。

最后，以 SOLO 学习分类理论为依据，拟定物理概念学习进阶中"阶"的具体表现。

四、物理概念学习进阶各层级的具体表现

物理概念学习进阶描述了概念学习过程中由浅入深、由简单到复杂的带有层级的思维路径，各层级的具体表现则试图刻画达到某一层级的具体表现，以此来区分学生学习概念所处的认识水平。

在物理教育研究领域，罗莹等人为了描述学生学习完高中物理课程后达到的 SOLO 认知水平，将高中物理课程所涉及的知识分为五类，即前结构水平、单一结构水平、多元结构水平、关联结构水平和扩展抽象水平（图 1 - 4）。具体描述如下：

（一）前结构水平
处于这一水平的学生根本没有掌握物理概念或规律，或对其有误解。

（二）单一结构水平
处于该水平的学生只能联系单一事件。物理学习成果的表现是，理解物理概念的含义或是知道物理概念的某个方面，不和其他因素联系。

（三）多元结构水平

处于该水平的学生可以联系多个独立事件，但不具备对知识的整合能力。物理学习成果的表现：能够掌握基本定律和物理量的定义式。

（四）关联结构水平

学生能够整合各部分内容成为有机整体，将多个事件联系起来，SOLO 将认定该学生处于关联结构水平。处于这一水平的物理学习成果表现：能够运用联系两个乃至多个物理知识或物理规律的综合应用性规律。

（五）扩展抽象水平

当学生能扩展问题本身的意义，且能进行更高层级学习时，学生思维发展处于扩展抽象水平。按照这样的定义，在物理学习中能够把物理知识扩展应用到所学习的物理知识内容以外时，学生的认知水平就达到了这个层级。

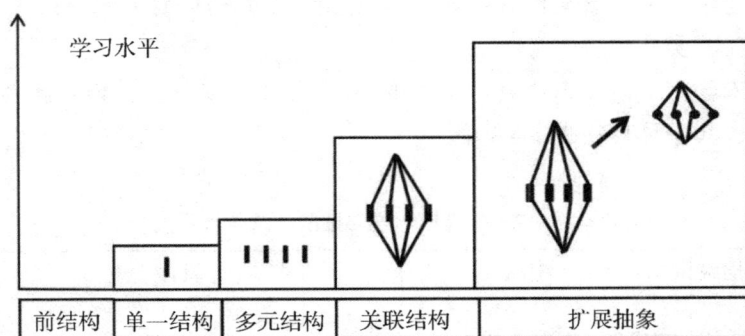

图 1-4　SOLO 理论的五个水平

以 SOLO 学习结果分类理论为依据，结合物理概念的特点和概念教学经验，分析具体概念学习进阶中各"阶"的具体表现。

第一，事实经验层级的具体表现。学生头脑中碎片化的事实或者经验是经历过程的认知结果，从学习结果看，表现为前结构水平。从数量上看，事实与经验可能仅仅是一个方面的，也可能是多个方面的，但这些方面是不相关的、零散的。因此，可以通过考查学生能否识别和提取相应的事实和经验，来确定其是否达到"事实经验"层级。

第二，映射层级的具体表现。学生能把事实经验与科学术语联系起来，建立事实经验与科学术语的对应关系，从学习结果看，表现为单一结构水平。具体表现在以下几个方面：①能依据科学术语对事实经验进行分类或区分，或者列举出与科学术语对应的事实；②能说出事实对应的科学术语；③能说出科学术语的物理含义，并不要求解释科学术语的内涵。

第三，关联层级的具体表现。概念以某一因素相联系，从学习结果看，表现为多元结构水平。具体表现为：①能说出概念与哪些本质特征的因素相联系；②借助已有知识或者事实与经验，推断概念与相关物理量的相互关系，但不涉及多个影响因素的整合。

第四，概念层级的具体表现。从学习结果看，表现为关联结构水平。具体表现在以下几个方面：①在整合概念与多个因素相关关系的基础上，能推导出概念与多个因素间的定量关系；②能借助数学表达式、图像等工具表征概念与其他物理量的定量关系。

第五，整合层级的具体表现，从学习结果看，表现为扩展抽象水平。具体表现在以下几个方面：①说明具体概念与核心概念的关系及意义和价值；②说明具体概念涉及的跨学科概念；③说出概念得出过程涉及的研究方法、思想方法等智力工具类知识。

根据对学习进阶模型中各"阶"的主要具体表现分析，整合各"阶"的具体表现，集中体现在表1-3中。

表1-3　物理概念学习进阶的具体表现

概念学习层级	描述	具体表现
事实经验	碎片化的事实或者经验	确认事实或者经验； 提取已有的事实或者经验
映射	事实经验与科学术语之间的简单对应	能基于事实说出科学术语的物理含义； 能说明科学术语； 依据科学术语对事实经验分类，或区分事物不同属性
关联	事实经验中相关物理量与概念之间的联系	能说出科学术语与事物哪些本质特征有关； 基于事实或者经验推断科学术语与事物本质特征的定性关系

（续上表）

概念学习层级	描述	具体表现
概念	概念与多个事实经验本质特征之间的定量关系	推导出事物本质特征的定量关系，或者通过定量实验表征定量关系； 能借助数学表达式、图像等表征概念
整合	在核心概念下的概念体系整合，概念与跨学科概念间的联系，反思概念理解过程，获得反省知识	说明具体概念与核心概念的关系，以及核心概念的意义和价值； 说明具体概念涉及的跨学科概念； 说出概念得出过程涉及的研究方法、思想方法等智力工具类知识

第二章　基于学习进阶的单元教学设计及案例

第一节　基于学习进阶的单元教学设计

围绕学科大概念进行单元教学设计已成为当前学科教育趋势和热点问题。2018 年初颁布的普通高中各学科课程标准"凝练了学科核心素养""重视了以学科大概念为核心，使学科内容结构化"。基于学习进阶设计的单元学习过程可以清晰地呈现单元学习层级、促进学习层级跃迁的知识内容、伴随认知发展的素养发展规划、促进深度学习的学习方式安排与物理情境创设等内容，是在课堂教学中落实核心素养培养目标的有效途径。

物理概念是物理学的基础，是构成物理学框架的基石。物理概念的学习不只是为了应付考试，更重要的是为了理解自然界的现象和规律，并在学习的过程中培养解决问题的能力，提升科学素养。具体来讲它有如下作用：

1. 构建物理知识体系

物理概念是物理学知识体系的基本单元，理解和掌握物理概念可以帮助学生打下扎实的物理知识功底，为后续的物理学习奠定坚实的基础。

2. 培养科学素养

物理概念是科学素养的重要组成部分。通过学习物理概念，学生可以了解科学知识的来源和本质，培养科学思维和科学素养。

3. 应用物理知识

物理概念在日常生活和实际问题中具有广泛的应用价值。理解和掌握物理概念可以帮助学生运用物理知识解决实际问题，提高生活技能和综合素质。例如，在解决车辆安全问题时，我们需要运用力学知识来分析车辆碰撞的原因和采取预防措施；在解决环境保护问题时，我们需要运用能量守恒定律来分析能源消耗和环境污染之间的关系。

4. 促进思维发展

物理概念的学习可以促进学生的思维发展。通过对物理概念的理解和思考，学生可以锻炼自己的逻辑思维能力、推理能力和创造性思维能力，提高解决问题的能力。概念的构建、辨析和理解都需要思维的参与，通过一次次的分析、抽象、归纳等思维训练，提升思维水平及思维品质。

虽然物理概念教学有丰富的内涵，但在实际的教学过程中，常存在以下问题：

1. 忽视物理概念形成的过程

许多物理教师在进行有关物理概念的教学中，淡化了物理概念的形成过程，让学生对物理概念没有一定的感性认识，而是直接给出物理概念，过分强调物理概念的知识本身。这可能导致学生难以理解物理概念的深层含义，从而难以掌握物理概念的本质。

2. 单一的教学方式

许多物理教师采用讲授的教学方式，没有考虑到学生背景和认知方式的不同，缺乏真正让学生参与、互动的教学方式。即使学生稍有疑问或不理解的地方，也很难引导他们加入讨论和互动，无法互相学习和分享。这可能导致学生只是单纯地记忆和应对考试，难以真正掌握概念的本质。

3. 资源匮乏

在一些物理教学比较落后的地区，缺乏必要的物理实验室和教科书等资源，使得学生难以亲身体验物理实验和观察物理现象，从而对物理概念的理解造成困难。总之，当前的物理概念教学需要改进，以更好地帮助学生掌握物理概念的本质。

传统的科学概念教学强调引导学生从感性认识上升到理性认识，但并没有回答两者之间还有哪些层级，又有哪些因素会影响学生对科学概念的理解从一个层级上升到更高层级，以及应该如何帮助学生从感性认识上升到理性认识。因此，在教学设计之前，需要做好足够的概念学习情况分析。

一、概念学习情况分析

学习情况分析又称为"学情诊断"，是在教学设计之前对学生全面诊断的过程，旨在了解学生的认知基础、可能的发展水平、学习中可能遇到的困难、学习的习惯与爱好等。对学生进行学情分析是进行物理概念教学设计的重要依据，是实施"面向全体学生，因材施教"原则的基础性工作，有利于提升教学的有效性。

（一）学情分析要素

北京市教育研究院的张玉峰研究团队，根据已有的研究和纲领性文件，并结合物理教学实际，从有利于一线教师操作的角度，把影响学习进阶的因素概括为"知识与前概念""思维与信念""事实与经验""技能与实践""态度与责任"五个要素。下面具体说明这五个要素：

1. 知识与前概念

影响物理概念学习进阶的知识因素主要包括物理知识、跨学科概念和其他学科知识等三类。

物理知识主要包括三个层次：一是与物理有关的事实性知识，如铁比棉花重；二是具体概念、规律、原理等概念性知识，如速度、焦耳定律等；三是在上述概念性知识的基础上，建立概念性知识间的联系，形成核心概念统领下的概念体系，如运动与相互作用概念体系、能量体系等。跨学科概念：对跨学科概念的理解往往是伴随对学科核心概念的理解而逐步深入的，如变化、守恒等。2011 年，美国颁布《K－12 科学教育框架：实践、跨学科概念和核心概念》，列出了七个跨学科概念：模式；原因和结果；尺度、比例和数量；系统和系统模型；能量和物质；结构和功能；稳定和变化。其他学科知识：物理与数学、化学等学科紧密结合，随着物理学习内容越来越复杂，所需要的数学工具越来越复杂，如代数、函数、几何等。

前概念是指学习者在正式接受科学教育之前，在头脑中已经存在的，通过生活经验积累的一些感性印象及形成该印象的思维方式。前概念有些与科学概念相一致，还有一部分是不尽一致的，因此它们在很大程度上决定了学生对新知识的理解。

2. 思维与信念

这里的思维是指从物理学的视角，对客观事物的本质属性、内在规律及其相互关系的认识方式与思想方法。也就是从经验、事实与现象到概念构建中需要的分析综合、推理论证，以及特定的思维方式、数学工具等。物理思想方法是物理学家在创造知识过程中经常采用的研究方法、思维方法等智力工具的总称，主要包括理想化方法、图像法、比较与分类法、等效替代法、类比法、微积分思想、对称思想、守恒思想。信念主要指基于科学本质、学习本质等理解的认识论、信仰等形而向上的观点或者信念。

3. 事实与经验

物理事实是客观存在的事实，是对物理现象的一种准确的表述。物理现象是指物理实验和自然界中与物理有关的实际现象。它是通过感官观察或者借助仪器观测对自然界和实验室中发生的物理事件的直接描述。因此，物理现象与事实常被分为生产生活中的物理现象与事实、物理实验的现象与事实、与物理有关的自然现象与事实三类。它们均属于事实性知识。有些物理事实是可以观察得到的，有些物理事实并不能被直接观测到。学习物理只观察物理现象是不够的，因为一个人对自然界的直接观察是有限的，且常常被现象的非本质特征所迷惑，只看其表，不知其里，可能会得出错误的观察结果。

4. 技能与实践

不管是物理学家探索自然规律获得物理知识的过程，还是学生习得物理知识的过程，都离不开物理实践活动。学生的动手操作技能和实践能力与意识是影响学生学习的重要因素。中学物理实践活动主要包括物理量的测量、探究性实验、验证性实验、小制作等。其中，实践因素包括提出问题、猜想、假设，设计实验方案并获取证据，使用不同的手段和方法分析处理数据等。

5. 态度与责任

学生的学习态度、兴趣、成就感、责任感、价值观等非认知因素是影响学生学习的重要变量。这些非认知因素是学生学习的动力因素，影响认知的效率和效果。

根据学习进阶过程和影响学生学习进阶的因素，可以建立一个分析框架，见表 2-1：

表 2-1　基于学习进阶的学习情况分析框架

学习进阶		学生学习情况				
		知识与前概念	思维与信念	事实与经验	技能与实践	态度与责任
进阶起点						
进阶过程	关键点					
	条件					
	路径					
进阶终点						

在上述分析框架中，学习进阶的内容主要包括进阶起点、进阶过程、进阶终点三个方面。进阶起点是学生的认知基础。进阶过程具体包括学生学习进阶的关键点和进阶的具体路径。进阶终点是通过一段时间（一节课、一个单元，

甚至是一个学期等）的学习，期待学生达到的认知水平，往往包含学科核心概念整合、跨学科概念，甚至反省认知策略的形成等方面。

（二）学习情况分析的内容与策略

1. 分析原有认知基础，构建新旧知识联系

教育心理学家奥苏贝尔曾说："如果我不得不把教育心理学的所有内容简约成一条原理，我会说：影响学生学习最重要的因素是学习者已经知道了什么。研究并了解学生学习新知识之前已具备什么知识，再进行相应的教学，从而产生有效的学习。"从一般意义上来说，现代学习观就是人们用他们已经知道和相信的知识去构建新知识和理解新知识。学生原有的认知基础可以分为两个大类：一类是有助于概念学习的认知基础；另一类是干扰概念学习的错误认知。第一类认知基础包括与概念学习相关、头脑中原有的各种具体知识、概念体系、实践体验、跨学科概念、方法与能力等。如在学习惯性前，学生知道：质量小的汽车刹车后容易停下来，质量大的卡车不容易停下来。第二类是干扰概念学习的错误认识，主要是指部分前概念。如鸡蛋碰石头，鸡蛋碎了，学生认为石头对鸡蛋的作用力大于鸡蛋对石头的作用力。

2. 分析学习进阶的关键点，明确教学目标与重难点

确定恰当的教学目标和重难点是设计合理的教学过程、选择有效的教学策略的前提。反之，则是低效教学，甚至是无效教学。从学生角度分析学习进阶的关键点，并给予明确的教学目标与教学重难点，是落实以学生为中心的教学理念的务实之举。

学习进阶的关键点往往存在于以下"位置"：第一，较深的错误概念干扰，从错误概念转变到科学概念的"位置"，如速度快的物体惯性大。第二，需要较复杂的数学知识或者物理思维方法才能实现学习进阶的位置。如比热容概念构建时比较物质吸热能力强弱，吸收相同热量时，温度变化小的吸热能力强。第三，从若干相关的实验事实，概括得出结论的"位置"。第四，在学习进阶过程中需要"建模"的位置。当然，除了上述几种情况，学习进阶的关键点还可能存在于其他"位置"，往往需要根据具体知识的特点进行具体分析，而不是一概而论。在分析学习进阶的关键点的基础上，明确教学目标和教学重难点，是从学生视角进行教学设计的过程。因此，这有利于加强教学目标对整个教学过程设计和教学策略选择的通灵性，有利于有针对性地突破教学重难点。

3. 分析突破学习进阶关键点的影响因素，为学生提供有针对性的帮助

加强教学的针对性一直是教学研究人员和一线教师共同关注的话题。在学生原有认知基础上，针对学习进阶关键点为学生提供及时、有效的帮助，促进学生认知发展，是教学中落实"以学生为中心"理念的重要内容。分析突破学习进阶关键点的影响因素可以从以下两个方面进行：其一，在分析具体学习内容的基础上，根据分析框架中"学习情况"维度分析关键点的影响因素有哪些。其二，对这些影响因素进行分类，区分哪些是学生已经具备的，哪些是学生目前不具备的；如何补充这些暂时不具备的影响因素则是进行教学设计的重要内容。

4. 分析学习进阶的可能路径，提供个性化的学习指导

学习进阶是对学生思维方式由简单到复杂、由浅入深的带有层级思维路径的描述。但是，学习进阶描述的学生的认知路径却不是唯一的，不同的路径具有不同的特点，对应于不同的认知过程，自然影响学习进阶的因素就不同。因此，分析学习进阶的可能路径，有助于了解不同路径学习进阶的特点及其影响因素，为不同学生提供个性化的学习指导，为班级授课提供具有贡献的学生学习情况分析。影响学习进阶可能路径的因素主要有两类：一类是课程标准的内容标准与教学要求、教材的内容及其安排；另一类是学生头脑中原有的知识、技能、思维方式等。那么，如何分析学习进阶的可能路径呢？第一，研究课程标准与教材，弄清楚课程标准中要求的学习进阶路径；第二，从物理学知识构建的角度分析还可以有哪些不同的学习进阶路径；第三，根据学生的实际认知水平，分析这些不同路径哪些在现阶段是可行的。

5. 分析学习进阶终点的具体内容，为学生迁移与创新能力发展奠定基础

学习进阶的重点是指在建立概念的基础上进一步与原有知识进行整合，具体包括"在核心概念下的概念体系整合，概念与跨学科概念之间的联系，反思概念理解过程获得的反省性认知知识"。这些内容更容易迁移到其他主题，也是学生具备较强创新能力的知识基础。因此，分析学生进阶重点的具体内容，并在日常教学中有针对性地规划与实施，是培养学生迁移能力和创新能力等高级思维能力的可操作途径。

结合具体学习内容，从学习进阶重点的角度分析学生学习情况时，可以从以下几个方面进行：第一，分析学生头脑中原有的与学习内容相关的概念体系是怎样的，有哪些相关的跨学科概念，有哪些相关的认知策略。第二，学习具体内容对概念体系的完善、跨学科概念的理解和反向认知知识的获得有什么帮助。第三，影响因素有哪些；这些因素中哪些是主要的，哪些是次要的；哪些是学生已经具备的，哪些优势是学生不具备的。第四，具体学习内容在促进学生概念整合方面可能存在哪些方面的障碍或者困难；这些障碍或者困难中哪些是学生可以独立克服的，哪些是必须在教师指导下才能克服的。

6. 分析影响学生的学习的非认知因素，提升学生学习动力

毋庸置疑，学生的学习兴趣、态度、动机等非认知因素是影响学生学习质量与效率的重要变量。学生由于自身的生长环境、自身特点等方面的不同，学习兴趣、态度与动机也不同。在学习进阶的不同阶段，学习内容和思维层次不同，导致学生在学习兴趣、好奇心、求知欲等方面都有差异。分析影响学生学习的非认知因素应注意挖掘在哪些"点"上容易激发学生的学习兴趣与动机，可以关注以下几个方面：第一，在事实经验的积累阶段，往往需要学生动手操作、观察实验现象等。这些与现象紧密联系的动手操作活动往往能激发一部分学生的学习兴趣。第二，与生产、生活实际紧密联系的"点"容易激发一部分学生的学习兴趣。这部分学生往往对知识的实际应用具有较高的学习兴趣。第三，建立概念之间关联的"点"容易激发那些喜欢思考知识内容内在逻辑、追求和谐统一的学生的学习兴趣。第四，存在因果解释的"点"容易激发学生的学习兴趣。第五，动脑与动手相结合的"点"。

基于学习进阶的学情分析内容与思路知识，为教学设计中的学情分析提供了可操作的一般路径，提高教学针对性。在分析过程中，还要结合具体概念的自身特点进行有效分析。

二、基于概念学习进阶的单元教学设计思路及原则

教学设计是连接教学理论与实践的桥梁。如何在教学设计中落实教学理论，既是理论发挥作用，又是提升教学实践品位的关键步骤。单元教学设计是为了完成一个单元的教学内容而进行的设计。与针对一节课的课堂教学设计不同，单元教学设计更强调从整体上规划教学内容与学生发展。核心概念的层级结构模型是对围绕核心概念的大量具体概念的层级描述，能反映具体概念的层级关系。因此，以层级结构作为单元教学设计的理论基础，可以提升单元教学设计的科学化水平，在一定程度上克服教师仅凭经验进行教学设计的弊端。

单元教学设计更加强调：如何在具体概念教学基础上设计单元的教学目

标；如何围绕核心概念整合教学内容，加强概念之间的关联；如何站在一个单元内容教学的立场上规划学生关键能力的发展，具体包括发展哪些关键能力，这些关键能力如何在不同内容的学习过程中体现出来，又是如何在一个单元内逐渐发展起来的；如何综合、灵活应用各种教学方式才能更有效地促进学生全面、协调地发展等。明确单元教学设计的一般思路是如何完成上述目标的关键。设计思路如下：

（一）围绕核心概念构建单元概念体系

围绕核心概念构建单元概念体系是单元教学设计的基础性工作。因为单元概念体系是后续拟定教学目标、规划教学内容、组织教学活动、选择教学策略、建立学习评价机制等内容的依据。构建单元概念体系的依据为概念层级结构模型，还需要结合单元教学内容的物理学科特点与初高中衔接等方面。整合考虑以上因素，根据实际教学的需要，由于侧重点不同、学生的认知水平不同，完全可以构建不同概念体系。

（二）拟定单元教学目标并确定教学重难点，规划素养与关键能力的发展

概念体系可以清楚地表达具体概念之间，以及具体概念与核心概念之间的关系，有助于学生从整体上清晰理解单元教学目标和教学重难点，从而有助于系统规划素养与关键能力的发展。因此，概念体系是拟定单元教学目标及确定教学重难点的依据之一。规划素养与关键能力的发展是单元教学设计的重要内容，因为这部分内容往往具有整合性、跨学科职能，也就更容易在不同主题上进行迁移，对学生终身发展具有重要价值。

（三）挖掘物理概念的构建内容，促进学生对核心概念的深层理解

美国教育心理学家加涅说："在考虑个人的能力是如何发展的问题时，仅说能力是什么还是不够的，还必须深入考查能力是如何习得的问题。"概念体系是核心概念统领下的，能反映具体概念如何与核心概念连接，并且体现了具体概念之间的关系。此外，这些概念及概念的关联中蕴含了物理学所特有的认识自然界的方式。

因此，基于概念体系，挖掘物理概念的构建内容及其蕴含的核心素养发展载体，促进学生对核心概念的理解，并进一步发展学生核心素养，是可行的。核心概念与一个又一个具体概念连接在一起，需要通过理解大量具体概念来指

称对核心概念的理解。单元教学内容的挖掘也需要从具体概念入手，可以从以下几个方面挖掘物理概念构建内容：①挖掘物理概念的意义、内涵、外延、关联等四个方面的构建内容。挖掘的总体思路：在核心概念的框架下分析具体物理概念的意义、内涵、外延、关联，并从核心概念与具体概念相互促进的角度考查两者的价值。②挖掘物理概念构建中蕴含的物理学认识方式。所谓物理学认识方式，是指从物理学视角对客观事物的本质属性、内在规律及相互关系的认识过程中所表现出来的倾向于使用的思维模式（路径）或者信息处理对策。物理学认识方式包括三个方面的内容：①认识对象，即模型化的客观事物。②认识角度，即人们带着什么样的关联或思维框架去认识这个客观世界。③认识思路，即人们在明确了认识现象与认识角度的基础上选择什么样的思维模式或者信息处理对策来认识客观世界。例如先定性后定量、先宏观后微观、先特殊后一般等认识思路。物理学认识方式与物理知识紧密联系，伴随学习过程逐渐发展，具有可迁移、综合性等特点。因此，发展学生的认识方式是促进核心素养提升的重要内容与有效途径。

（四）系统规划教学活动、策略，综合使用多种教学方式

一个单元的教学内容具有连续性，需要系统规划系列教学活动。因此，设计符合教学目标和教学重难点的特点的教学活动，并选择教学策略，是单元教学设计的重要内容。

基于概念学习进阶，针对单元教学目标与重难点，规划设计前后相互联系的系列活动，可以促进学生对概念的深层理解。需要注意以下几点：①系列活动应目标明确，明确单元教学设计中的素养或者关键能力发展。②系列活动内容应体现整体性。在系列活动中，前一个活动应尽可能留下"接口"，为后一个活动做好铺垫，从而有利于碎片化知识的整合。③系列活动应体现发展性，活动内容应在学生已有认知基础上由简单到复杂，促进认知逐步发展。④系列活动应尽可能联系生产生活实际，在真实的情境中，引导学生体会到知识的价值。这既是知识学习的要求，也是发展学生兴趣的要求。

教师要针对教学重难点，规划设计合适的教学策略，综合使用多种教学方式，促进学生认识由浅入深逐步发展。教学策略与方式的选择应注意以下几个方面：①多采用探究、合作交流等教学方式，促进学生深入理解概念。②教学方式应具有针对性，针对不同类型的教学目标与重难点采取不同的教学策略或者方式。③系统考虑多种方式的综合使用，调动学生学习积极性。这是因为教

学方式是影响学生学习兴趣的重要因素，单一的教学方式容易引起学生疲劳，不利于激发学生学习的兴趣。④不管采用什么教学策略与方式，总的原则是有利于调动学生学习的积极性，发挥学生主动性，真正把"以学为中心"的理念落到实处。

（五）构建有梯度的诊断性学习评价，促进全体学生发展

基于核心概念层级模型构建的概念体系具有层级性，反映了核心概念统摄下不同具体概念的层级以及同一个概念的逐步深化的过程。这一特点为构建有梯度的学习评价提供了可操作的依据。学习评价的梯度主要表现在两个方面：一是知识内容的梯度，具体表现在知识的理解深度和综合运用等方面；二是科学思维的梯度，具体表现在模型构建、科学推理与论证、质疑创新、科学探究方案的设计等方面。无论是学习评价的梯度设计还是诊断功能设计，目的都是促进不同层次的发展；以精准的诊断，提升教学的有效性；从单纯关注学生的知识学习，到侧重引导学生学会思考、学会学习。

三、基于概念学习进阶的单元教学设计内容

北京师范大学在 ADDIE 教学设计模型的基础上，将学习进阶置于系统设计的首要位置，开发了基于学习进阶的科学教学设计模型，如图 2 - 1 所示。

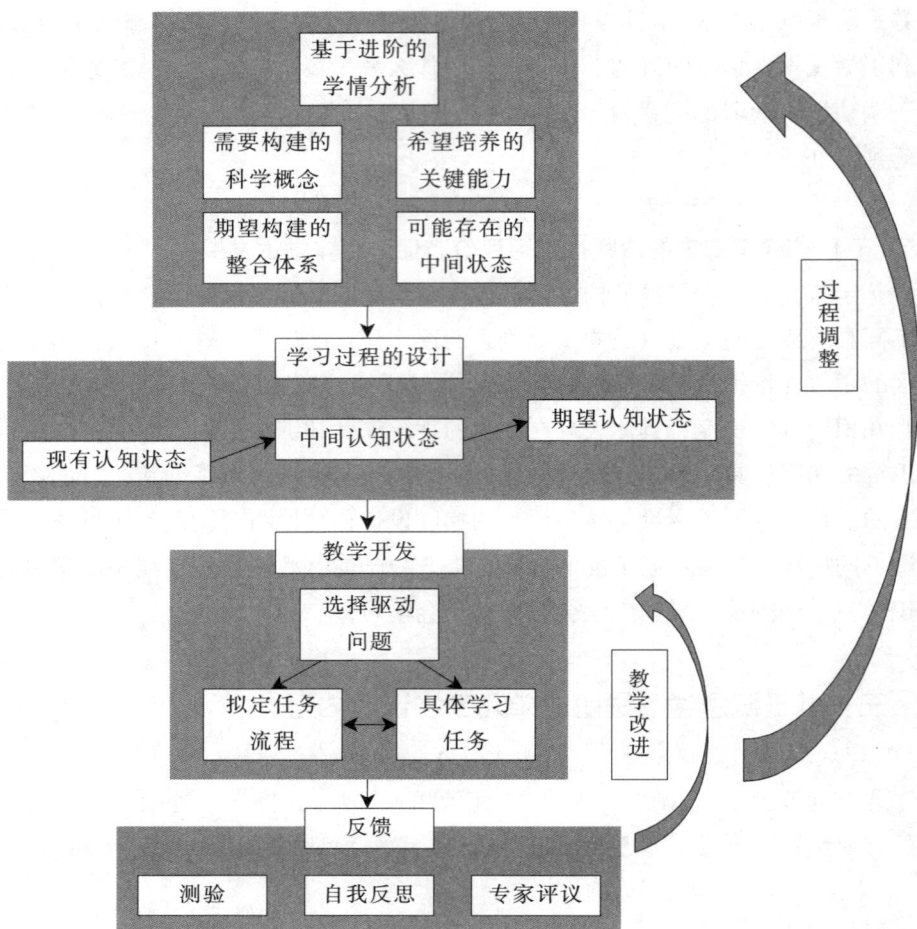

图 2 - 1　基于学习进阶的科学教学设计模型

　　从以上模型来看，有如下特点：①在学情分析基础上拟定的教学目标对其他模块具有导向作用，测验、自我反思、专家评议等形式的评价对其他模块具有反馈调节作用。②教学目标包含在"基于进阶的学情分析"模块中。在此模块中要明确：希望促进哪些物理观念的构建，希望培养哪些关键能力，希望构建哪些整合联系，确定学习过程中可能存在哪些认知状态和关键进阶节点。③教学开发包含教学资源开发、教学策略选择、教学活动组织等要素。

　　整体上看，基本思路就是通过分析模块确定目标和重难点，然后设计规划整体学习轨迹，最后以学习轨迹为脚本，进行教学的具体开发。它更多地关注每一个模块中如何基于学习进阶进行教学设计。

（一）确定教学目标与重难点

确定合适的教学目标和重难点是发挥目标对其他设计模块导向作用的前提和基础。基于学习进阶确定教学目标和重难点可以从以下三个方面入手：第一，基于概念学习进阶假设，分析每一层级对应哪些关键能力和品质的发展。第二，综合考虑学习进阶过程中，概念理解的逐渐深入、关键能力和品质的发展等方方面面的因素，结合学生学习的实际情况，从学习进阶中提取教学目标，并合理呈现教学目标。教学目标的确定和呈现应关注三点：①教学目标要可教、可检测，既要呈现学习结果，还要阐述目标实现的途径，提升教学的可操作性。可以采用"通过 + 物理学习过程或方法，行为动词 + 学习结果"的语句表现学习目标。②教学目标应尽可能反映出概念学习进阶中低层次向高层次的跃迁。③关注反省认知策略和思维方式的目标。第三，基于学习进阶进一步分析教学的重点和难点。基于学习进阶确定教学重难点需要分析影响进阶的因素、教学要求限定的进阶最高水平等。具体来说，主要考虑三点：①知识本身的重要程度、特点等是确定教学重难点的重要依据。②教学要求的程度是确定教学重难点的直接依据。③学生学习的知识基础是影响确定教学重难点的重要因素。

（二）开发教学资源

教学资源既包括教材、学案等文本资料，也包括各种视频等数字资源；既有真实出版物，也有教师根据学生实际认知水平编写的教学资源。为了促进学习者对知识的构建，设计丰富多彩的学习资源和生动形象的学习软件就显得非常重要。教学资源是实现教学目标必不可少的要素，开发丰富且适合学生认知水平和认知发展的教学资源是提高教学效率的有效途径。

能在教学目标的导向作用下有效促进学生认知发展的教学资源应注意以下几个方面：①以概念的学习进阶为主线组织教学资源。学习进阶是对学生由简单到复杂学习路径的描述，以学习进阶为主线组织的教学内容自然符合学生认知特点，有助于学生由浅入深地展开学习。②基于学习进阶影响因素分析开发能有效突破教学重难点的资源。这类资源的主要特征是具有针对性，资源与教学重难点有明确的对应关系。对学习进阶影响因素的精准分析是开发此类资源的重点。③开发促进学生围绕核心概念形成概念体系的资源。④促进学生逐步积累策略性知识的教学资源，引导学生学会反省如何从物理学视角观察世界，如何采用物理学的研究方法解决问题，是发展学生核心素养的重要途径。⑤在教学资源中增加驱动问题的设置，引导学生开展基于问题的学习。对问题的要求有两点：一是问题能激发学生学习的兴趣，可以选择与生产、生活紧密联系的实际问题；二是从问题情境中提炼出学生进行科学探究的物理问题。问题的情境不仅要关注激发兴趣，而且应关注是否能激发学生的深层思维，有利于引导学生进行自主学习。

（三）选择教学策略与方式

选择合适的教学策略和方式是实现教学目标的重要条件。选择教学策略和方式需要以教学目标为导向，并结合学生学习的实际情况和教学资源的具体特点。

由于学习进阶影响因素的类型和难度不同，以及学生的学习实践也各不相同，建议针对实际情况从以下几个方面灵活选择教学策略与方式。①加强实验教学，增强学生对物理现象与事实的体验，克服知识抽象性带来的困难。不仅要重视事实经验数量的丰富程度，而且应该重视事实经验类别的多样化，引导学生经历抽象、概括、推理的过程。②通过多种方式使学生经历科学思维和探究的过程。通过探究、合作等学习方式，促进学生对知识的深层理解，提升学生的学习兴趣与求知欲。设置紧密联系学生生活实际的真实问题情境，引导学生经历提出问题、猜想假设、设计实验、获取证据、分析数据、交流讨论的全过程；设置认知冲突，引导学生发现问题并激发学生兴趣。从科学思维发生的时间点看，强化科学思维应注意如下两个时机：一是在演示得出科学概念的实验现象与事实之前，教师引导学生猜想实验现象或者事实应该是怎样的。这是基于朴素概念的思维过程，有助于唤醒学生头脑中的前概念。唤醒错误的前概念有利于转变错误概念；唤醒正确的前概念有助于直接形成科学概念。二是演示实验现象与事实之后，注意引导学生进行分类、建模、解释与推理等思维过程，在此基础上形成科学概念。③根据影响学习进阶因素的难度分析，设置问题串，引导学生经历对事实经验进行抽象、概括、推理的思维过程，贯彻最少启发原则。④针对具体问题，采用类比搭桥教学策略，引导学生突破学习困难。在对相关概念进行类比的基础上，强化概念的统领作用。⑤针对具体问题，进行专题讲解，如科学方法的定向训练。

（四）设计教学活动

以教学目标为导向，在选取的教学资源和教学策略的基础上，合理安排、组织教学活动是教学设计的重要内容。教学活动的安排既是在依据学生的认知规律基础上设计的，又是深刻影响学生思维过程展开的重要因素。因此，教学活动的安排应以学习进阶为依据，结合学生实际特点和教学内容特点，综合考虑各方面因素，从而使教学达到良好的效果。①基于学习进阶设计教学活动流程。之所以如此，是因为学习进阶是对学生的认识由简单到复杂的描述，而教学活动的目的正是帮助学生的认知逐渐由简单到复杂。由于学生的实际情况不同，学习进阶假设可能有细微差别，教学活动的安排也随之不同，即相同的学习进阶假设也可以有不同的教学活动设计。但"教无定法"，教学活动尽管设计不同，都要遵从学生的认知规律，并以此为基础设计灵活多变的教学活动。②重视不同教学活动或环节之间的过渡语。过渡环节往往是渗透物理学研究方法的好时机，也是建立知识间关联的"关键期"。③加强教学中多种可能情况的预设，为教学中的突发情况做好准备。进阶层级是确定的，但路径可能是多种的，因此，教学活动设计也是多种的。学生在学习过程中也许会产生错误认知，教师也应该为这些错误认知设计相应的活动，矫正学生的错误认知。

　　不同的教学理念之下，教学活动的设计有所不同，但都必须以学生的现有认知水平为基础，逐步促进学生认识由简单到复杂的发展。基于学习进阶的教学设计实践的探索：首先，在教师指导下，学生进行课前预习；其次，教师诊断学生预习情况；最后，在诊断的基础上，设计教学活动。

（五）设计评价活动

　　评价是促进课程目标与理念落实的重要手段，科学、系统的学业水平评价能促进学生物理核心素养的发展。开展评价的过程也应该是促进教学发展和提高的过程。教学设计中的评价模块可以在教学目标导向下检验目标的达成度，并为其他模块的适切性提供反馈信息，有助于对教学设计的各模块进一步优化。

　　第一，基于学习进阶构建教学评价框架并开发评价工作。评价框架的结构化水平和可操作性是直接影响评价效度的重要因素。具体操作步骤包括：以教学目标为导向，基于学习进阶构建结构化、可操作的教学评价框架；依据框架开发教学评价工具，并建立测试项目与目标的对应关系。这种对应关系为精准诊断奠定了基础。

　　第二，在进行评价设计时，应围绕物理核心素养，根据学习进阶及其影响因素确定明确的学习评价目标与内容，促进对核心概念的深层理解。根据物理学科核心素养构成，物理学习评价应该侧重对学生物理观念、科学思维、科学探究、科学态度与责任等方面的评价。优势：①由于测试题处于不同的认知层级，绝大部分学生有可以上手的题目，有利于发挥学生潜能，增强学生学习物理的信心。②由于测试题是围绕核心概念展开的，若干题目围绕同一核心概念进行考查，能有效诊断学生所处的认知水平，并且发现学生的认知是在哪个认知层级的跃迁中遇到了困难。③从促进学生发展的角度看，大量处于不同认知水平的测试题聚焦于特定的核心概念，有利于学生构建在核心概念统摄下的认知结构。

第三，基于学习进阶发展形成性、诊断性和促进教学的评价。从"为了教学的评价"这一角度出发，建议关注形成性评价，以获取改进教学的有用信息。具体来讲，应关注两个方面：一是学习进阶的层级究竟是怎么样的，以学习进阶的具体表现，设置适合的评价问题；二是学习进阶的影响因素有哪些，这些因素是如何促进学生认识发展的，以此作为依据，设置评价问题。

第四，基于学习进阶开展有针对性的评价。侧重对学生学习困难和核心素养发展弱项的评价。

第二节　"声现象"大单元教学设计

一、单元教学整体规划分析

（一）课标分析及解读

通过实验，认识声的产生和传播条件。

课标解读：本条标准要求学生认识声的产生和传播条件。声在生活中非常常见，须创设各种有关声的情境，让学生感知声音，认识声的现象。声的产生和传播的物理途径比较抽象，学生存在认知困难，因此可通过一些简单、形象直观的实验演示声的产生与传播过程，增加学生的感性认识，使学生了解声的产生和传播条件。

了解声音的特性，了解现代技术中声学知识的一些应用，知道噪声的危害及控制方法。

课标解读：本条标准有三点要求。第一，了解声音的特性，知道乐音的特征，包括音调、响度和音色三项。教学中可通过实验及具体实例使学生了解音调、响度和音色的概念，通过实验了解如何改变声音的音调、响度和音色。第二，关注声学知识在生产生活中的运用。可向学生介绍一些现代声学中与学生生活密切相关的重要知识，如超声的应用等。第三，知道噪声的危害及控制方法，主要有两点：一是了解噪声有什么危害；二是知道如何控制噪声。教学中要注意引导学生认识噪声不完全是一个科学的概念，还是一个社会学的概念。通过实际例子，说明如何减弱生活环境中的噪声，学习如何控制噪声，培养学生的问题解决能力，养成保护自己、关心他人的意识。[选自《义务教育课程标准（2022 年版）课例式解读：初中物理》，第 32 页]

（二）教材分析

很多学校选择把本单元作为学生学习物理的起始，因为声是生活中常见的现象，学生的感性素材多，可动手操作的活动多。学好本单元不但能够吸引学生学习物理的兴趣，更能激发学生热爱科学、学习科学的热情，培养学生严谨细致的科学探究精神，因此在全书中起着开篇立论和探究指引的作用。本单元主要是通过对生活生产中丰富多彩的声现象的研究和学习，使学生了解声音是怎样产生和传播的、声音有哪些特性等问题，以及人们是怎样利用和控制声音的。

（三）单元知识结构及教学主线

本单元专题一是"声音的产生与传播"，专题二是"声音的特性"，专题三是"声音的利用与防止噪声"。这样的教学安排，便于让学生先从整体上认识声现象，再进一步了解声的特性，最后分析声的利用和危害，可以较全面地把握关于声的知识。本单元的知识体系（图 2-2）如下：

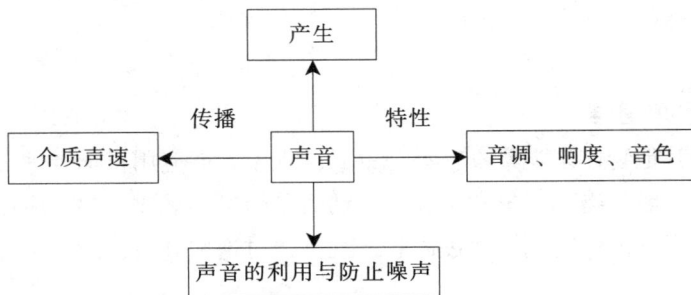

图 2-2

本单元围绕"声音"这一主题展开，整个单元的教学思路可以设计为这样一条主线（图 2-3）：

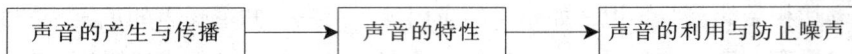

| 声音的产生与传播 | → | 声音的特性 | → | 声音的利用与防止噪声 |

图 2 - 3

（四）学生学情分析

1. 经验及认知水平

声现象的知识贴近学生的日常生活，学生已经知道生活中有声音这一物理现象的存在，但不是很了解。刚开始学习物理知识，学生对一些抽象的物理概念很难理解，如真空、声波、声速、频率、音色等，对一些相近的概念区分不清，如声音的高低和声音的大小。这些概念对他们的思维构成了一定的障碍，所以在讲解这些概念时要特别注意引导方法。

2. 素养基础

八年级学生思维活跃，求知欲旺盛，对自然界中很多现象充满好奇，但刚学习物理，对科学探究的基本要素掌握欠佳，同时对物理现象的观察、探究和分析能力都相对薄弱，在逻辑思维上还需要经验支持。因此，应以学生身边现象引入知识，逐步让学生理解和应用科学知识。

二、单元教学目标

（一）物理观念

能归纳并描述出声音的产生和传播的条件；能描述并识别声音的特性，知道声音的特性与什么因素有关；能说出并能识别声音的利用的例子；能说出噪声的危害及控制方法。

（二）科学思维

能借助其他物体来观察不容易观察到的现象；能应用科学推理法归纳出真空不能传声；能从物理现象和实验中归纳简单的科学规律，尝试应用已知的科学规律去解释具体的问题；通过体验、观察、讨论和分析，能说出防止噪声的方法。

（三）科学探究

探究声音是如何产生的，探究声音的特性与哪些因素有关；经历探究的基本过程，了解科学探究的基本方法、基本步骤；通过探究活动，体会实验探究活动在认识事物过程中的重要意义，培养学生合作学习的能力。

（四）科学态度与责任

感受自然界声音的美妙与有趣，激发好奇心和求知欲；在探究过程中，培养学生积极大胆地发表自己的观点，培养乐于合作的精神，养成细致观察的学习态度；初步认识科学对人类社会和生活的实际意义，培养学生热爱科学、勇于探索的意识；增强环境保护和关爱他人的意识。

三、单元教学重难点

（一）教学重点

归纳并描述声音的产生和传播的条件；知道声音的三种特性及影响因素；知道防止噪声的途径。

（二）教学难点

描述并识别声音的特性；探究声音的特性与什么因素有关；描述超声波特点的利用、次声波的危害及其在生活中的应用。

四、单元概念层级划分（图2-4）

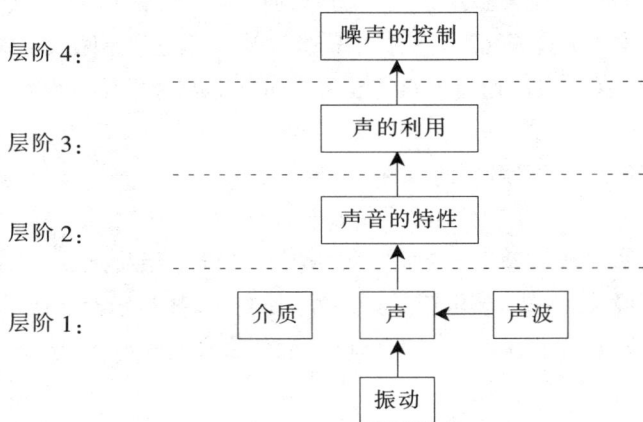

图2-4

五、规划单元教学内容及活动

（一）层阶 1：了解声是由物体的振动产生的，声在介质中以波的形式传播

1. 物理情境

播放早起至上学的音频，教师提问："你们在生活中听到过哪些声音？你们觉得这些声音是如何产生的？又是如何传播到你们的耳朵里的？"

2. 知识安排

声音是由声源的振动产生的；声音的传播需要介质；声音在介质中以声波的形式传播。物理研究方法：转换法、理想实验法。

3. 核心素养

通过观察和实验的方法去探究声音的产生与传播，理解声音是由物体振动产生的，并且需要介质进行传播，对波这一跨学科概念有初步的认知。在"声音是由物体振动产生"这一概念的构建中学习物理概念的方法——从大量生活或实验现象中，通过分析抽象，总结出共同特征和本质属性；在阅读小数据中培养学生分析数据、进行思维加工、得到结论的证据意识和能力；在实验中将转换法和理想实验法显性化，培养学生学习物理的能力和方法；在实验探究过程中培养学生的科学探究能力和合作精神；对实验现象进行严谨的分析，从而培养他们科学的态度和责任感。

4. 学习方式

学生可以通过对比实验观察发声物体的振动，理解声音的产生，学习转换法。通过自主设计实验探究声音的传播需要介质；通过数据阅读了解声速与介质的种类和温度有关；可以通过多媒体设备，向学生展示声音的产生和传播过程。

（二）层阶 2：了解声音的特性

1. 物理情境

学生现场演奏"古筝""吉他"等乐器，让学生亲身感受不同乐器发出的不同声音。情境设问：①该乐器是如何发声的？②都是乐器发出的声音，你感受到了哪些不同？③从振动的角度分析，为什么会有这些不同？

2. 知识安排

声音的特性：音调、响度、音色；波形图。

3. 核心素养

通过观察、实验和数据分析，探究振动的频率、振动的幅度、发声体的材

质构造对声音的音调、响度、音色的整体感知的影响，从而形成音调、响度、音色的概念，并理解这些特性是如何影响声音的整体感知的。通过观察抖动绳子形成的波的形态迁移至声音的波形图，从而了解类比的研究方法，激发学生对科学的积极态度，树立科学的世界观，同时理解科学的社会价值和意义。

4. 学习方式

通过观察正在演奏的吉他琴弦的振动及弹奏分享，让学生通过观察和实验来理解声音的特性。例如，通过观察不同乐器发出的声音，理解音色的概念；通过改变声音的响度，理解响度的概念；通过观察吉他等乐器的弦振动，理解音调的概念。通过观察抖动的绳子形成的波，类比声波，学习振动和波动等物理概念，理解音调、响度、音色的产生原理。通过阅读材料，了解不同乐器是如何发声及改变音调和响度的。

（三）层阶3：了解声的利用

1. 物理情境

通过图片展示实际应用案例，例如利用声呐探测距离、B超检查身体、超声波清洗精密仪器等，让学生感受到声的利用在生活和生产实践中的应用。思考：通过每张图片中的情境，声音给我们带来了什么？可以将它们分类吗？依据是什么？

2. 知识安排

声音能传递信息，还可以传递能量。

3. 核心素养

通过观察或观看有关的文字、图片、音像资料等，获得社会生活中声的利用方面的知识。理解现代技术中与声有关的知识的应用；理解声不仅传递信息，而且能传递能量。了解声在现代技术中的应用，进一步增加对科学的热爱；感受自然界声音的美妙与有趣，激发好奇心和求知欲。

4. 学习方式

通过观察实验、自主探究等方式，了解声音在生活中的应用。通过分组讨论、分工合作等方式将声的利用进行分类，深入了解体验声的利用。

（四）层阶4：了解噪声的控制

1. 物理情境

教师播放音频素材，包括噪声和乐音，让学生感受到不同声音的差异，思考：①哪些声音让你有愉悦的感觉？哪些声音让你有烦躁的感觉？②是不是响度大的声音就是噪声？什么是噪声？③生活中哪些是噪声？④噪声对生活有哪些不好的影响？⑤该如何减弱噪声？

2. 知识安排

这一节主要涉及了噪声的定义、来源、特征及消除噪声的方法。通过学习这一节，学生可以了解到决策中存在噪声是不可避免的，但通过训练可以减少其对决策的影响。

3. 核心素养

通过课前收集整理资料，课堂上相互交流讨论噪声问题，对噪声的定义、来源、特征及消除噪声的方法有一个清晰的认识，并能够共同寻找解决噪声的方法。在学习过程中，认识到噪声是一个不可避免的问题，因此需要不断更新知识，了解新的噪声控制技术和管理方法，正确地理解和运用噪声理论，并能够在决策中考虑到噪声的影响，同时保持对新的噪声控制技术的关注。

4. 学习方式

通过互联网查找和学习相关的噪声知识和技术，了解噪声的基本概念、来源、特征及消除噪声的方法。通过分析实际案例，理解噪声在现实生活中的应用和影响，并能够运用所学知识解决实际问题。在小组讨论中与同学共同探讨噪声问题，并交流各自的看法和心得。

六、教学评价

1. 观察如图 2 – 5 所示的现象。

边说话边摸喉咙，感到喉咙振动	拨动绷紧的橡皮筋发声，橡皮筋变得又"胖"又"虚"	将正在发声的音叉放入水中，可以看到水花四溅
甲	乙	丙

图 2 – 5

（1）根据以上现象可知，声音是由物体＿＿＿＿＿＿产生的。

（2）如图 2 – 5 乙所示，拨动橡皮筋发声后，用手捂住橡皮筋，立刻听不到声音了，说明＿＿＿＿＿＿停止，发声停止。

（3）如图 2 - 5 丙所示，将音叉放入水中的目的是＿＿＿＿＿＿（选填字母），这属于物理研究方法中的＿＿＿＿＿＿法。

A. 使音叉的振动变缓

B. 延长音叉的振动时间

C. 将音叉的振动放大，便于观察

2. 如图 2 - 6 所示，小明想探究声音传播的条件。他将播放着音乐的手机，用细线悬挂在广口瓶中，用抽气机通过橡皮塞上的导管向外抽气。

图 2 - 6

（1）若抽气一段时间后，发现手机播放音乐的声音没有明显变化，原因可能是＿＿＿＿＿＿（选填字母）。

A. 手机的声音太大

B. 未塞紧瓶塞，存在漏气

C. 插入瓶中的导管不够长

（2）调整器件后，再次抽气，发现随着广口瓶内的空气被抽出，听到的音乐声将＿＿＿＿＿＿；再让空气重新慢慢进入广口瓶中，听到的音乐声＿＿＿＿＿＿（均选填"变大""不变"或"变小"）。

（3）由以上现象可以推理得出：声音＿＿＿＿＿＿（选填"能"或"不能"）在真空中传播，声音的传播需要＿＿＿＿＿＿。

（4）以下生活应用中运用到该实验结论的是＿＿＿＿＿＿（选填字母）。

A. 真空食品包装袋　　　B. 真空降噪玻璃　　　C. 双层真空保温瓶

3. 小五同学在阅读课外科普书籍时，获取了关于声音传播速度的相关数据，如下表所示。请仔细分析表格中相关数据，完成下列各题。

在空气中	温度	0℃	15℃	30℃	100℃
	声速	331m/s	340m/s	349m/s	386m/s
0℃时	介质	氧气	水	冰	铁
	声速	316m/s	1 500m/s	3 230m/s	5 200m/s

（1）声音在15℃的空气中的传播速度为_____m/s。

（2）在0℃时，敲击一根长66m的空铁管的一端，则在另一侧可以听到_____次敲击声。（人耳能分清前后两次声音的时间间隔要大于0.1s）

（3）分析上栏表中的数据可知：声音在介质中传播的速度与_____有关，_____，声速越快；分析下栏表中的数据可知，声音的传播速度还与_____有关。

4. 人对着山崖呼喊，有时可以听到山崖的"回应"。（此时空气中的声速为340m/s）

（1）山崖的"回应"是_____，是在传播过程中遇到障碍物被_____回来的声音。

（2）对着山崖呼喊时，下列能听到山崖的"回应"的情形是_____（选填字母）。

A. 人距山崖5m   B. 人距山崖10m   C. 人距山崖15m   D. 人距山崖20m

5. 牛的声音低沉，鸡的声音尖锐，影响牛和鸡所发出声音不同的因素是（   ）。

A. 发声体的振幅   B. 发声体的振动频率   C. 传播介质   D. 传播距离

6. 如图2-7所示，轻敲音叉，用悬挂的乒乓球靠近正在发声的音叉，仔细观察乒乓球被弹开的幅度，再重敲音叉，发现乒乓球被弹开的幅度变大。下列说法不正确的是（   ）。

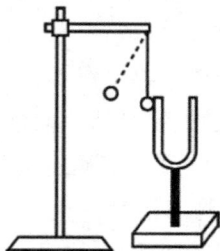

图2-7

A. 该实验现象可以说明声音由振动产生

B. 该实验用到了转换法

C. 音叉第二次所产生声音的音调更高

D. 音叉第二次所产生声音的响度更大

7. 放学的路上，小明走在前面，小强走在后面，小强想跟小明一起走，喊了好几声小明都没听到。你若是小强：①从增大发声的响度上讲，你应_____；②从响度与声源的远近上讲，你应_____；③从声波传播的集中程度上讲，你应_____。（均选填字母）

A. 靠近小明再喊　　B. 两手成喇叭状，放在嘴边再喊　　C. 更用力喊小明

8. 图2－8所示是人和一些动物的发声和听觉的频率范围，请结合图中信息回答下列问题。

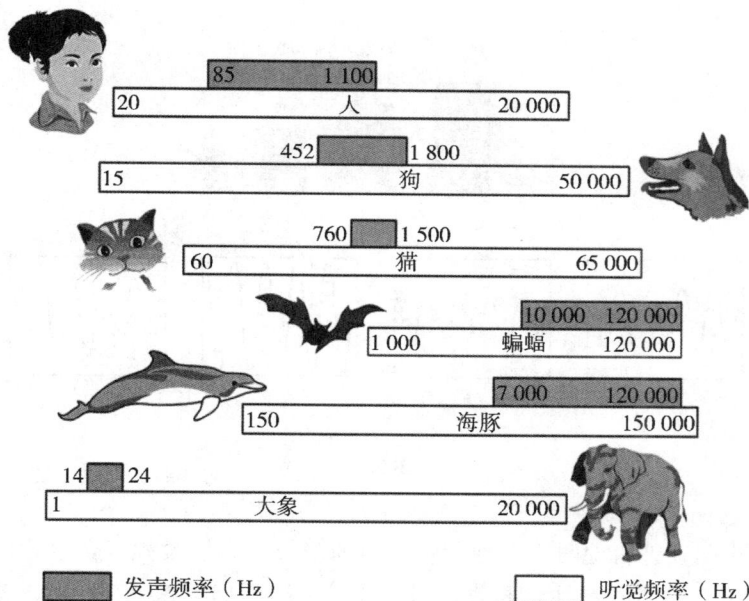

图2－8

（1）人能完全听到_____发出的声音；人_____（选填"能"或"不能"）发出真正的海豚音。

（2）蟋蟀的翅膀1分钟内振动了4 200次，则猫_____（选填"能"或"不能"）听到蟋蟀翅膀振动发出的声音。

（3）蝙蝠的发声频率范围与图中＿＿＿＿＿＿＿＿的发声频率范围最为接近。

（4）某次地震时，由于地壳的振动，产生了 8～14 Hz 的声，这种声是＿＿＿＿＿＿＿＿（选填"超声波"或"次声波"），＿＿＿＿＿＿＿＿对地震的反应最强烈。

9. 有一种陶瓷水鸟口哨，先向口哨灌入适量的水，用力吹口哨，就能发出类似鸟鸣的清脆声音。该口哨的哨音与鸟鸣声的＿＿＿＿＿＿＿＿相似，哨音主要是由口哨内＿＿＿＿＿＿＿＿振动产生的；当口哨内的水量发生改变时，哨音的＿＿＿＿＿＿＿＿也会发生改变。

10. 有四只编钟按从大到小的顺序如图 2－9 排列，为了找出其中一个有裂痕的编钟，用锤子分别敲击它们，将所产生的声波输入设置相同的同一示波器中，得到下图所示的波形图。则＿＿＿＿＿＿＿＿编钟上有裂痕，敲击＿＿＿＿＿＿＿＿编钟时用力最大。

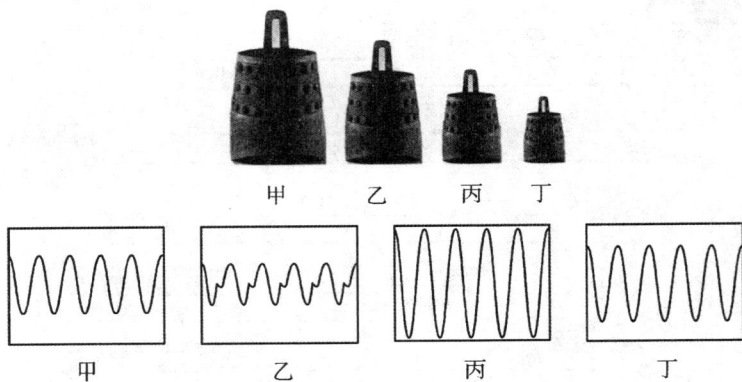

图 2－9

11. 小明在弹吉他时，发现琴弦的粗细、长短和松紧程度都会影响所发声音的音调。于是他选择了四根钢丝进行实验探究，如图 2－10 所示。具体数据如下表：

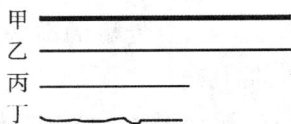

图 2－10

编号	材料	长度	粗细	松紧程度
甲	钢丝	10cm	$0.2mm^2$	紧
乙	钢丝	10cm	$0.1mm^2$	紧
丙	钢丝	5cm	$0.1mm^2$	紧
丁	钢丝	5cm	$0.1mm^2$	松

（1）若他选择丙、丁两根钢丝做实验，则探究的是音调与弦的_____的关系。

（2）为了探究音调与弦的长度的关系，他应选择_____两根钢丝进行实验。

（3）用同样的力先后拨动甲、乙钢丝，发现拨动_____钢丝时的音调高。由此可以得出结论：在弦的长度、松紧程度相同时，音调与弦的_____有关，弦越_____，发出声音的音调越高。

（4）请你根据图 2－11 中的信息判断，在材料、松紧程度相同的情况下，分别按住 A、B、C 三点后拨动对应琴弦，发声的音调最高的是按住_____点，最低的是按住_____点。（琴弦左侧为振动部分）

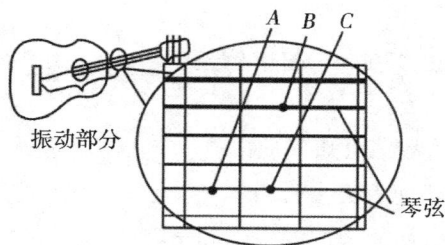

图 2－11

12. 在攀登雪山时忌大声喊叫。因为山顶上有大量的积雪，大声喊叫时，声音的_____大，同时声音可以传递_____，使积雪震动，容易引发雪崩而发生危险。

13. 当游客站在天坛圜丘顶层的天心石上说话时，听到的声音格外响亮。这利用了声音的_____，由此可以推断天坛圜丘顶层圆形平台的半径_____（选填"大于"或"小于"）17m。（设空气中的声速为340m/s）

14. 关于乐音和噪声，下列叙述中正确的是（　　）。

A. 乐音是乐器发出的声音，噪声是机器发出的声音

B. 乐音悦耳动听，给人以享受，但有时也会成为噪声

C. 振动有规律的声音都是乐音，不会成为噪声

D. 只要是你愿意听到的声音，一定不是噪声

15. 现代城市的繁华路段旁常竖有噪声监测装置，某时刻该装置的显示屏如图 2 - 12 所示。

图 2 - 12

（1）显示屏上数字"76.5"的单位是＿＿＿＿＿＿，表示的是当时环境声音的＿＿＿＿＿＿。

（2）由显示屏上的数字可知（　　）。

A. 此时环境声音会使人失去听力

B. 此时环境声音会妨碍人们的工作和学习

C. 此时环境声音不会妨碍人们的休息和睡眠

D. 此时环境声音是较理想的安静环境

（3）当附近有烟花展会时，显示屏上的数字将＿＿＿＿＿＿（选填"增大""减小"或"不变"）。

（4）噪声监测装置＿＿＿＿＿＿（选填"能"或"不能"）减弱噪声。

噪声已成为现代城市环境污染的重要因素之一。《中华人民共和国环境噪声污染防治法》中规定"禁止在商业经营活动中使用高音广播喇叭进行广告宣传"，这是在＿＿＿＿＿＿减弱噪声；并要求通过居民密集区的高速公路路段须安装玻璃隔音板，这是在＿＿＿＿＿＿减弱噪声。

16. 阅读下列短文，回答问题。

会"拐弯"的声音

1923 年，荷兰的一个火药库发生了大爆炸。据调查，在 100km 的范围内，人们清楚地听到了爆炸声；在 100km 到 160km 的范围内，人们却什么都没有听到；但在 1 300km 远的地方，人们却又清楚地听到了爆炸声。

这真是件有趣而又奇怪的事！声音怎么会拐弯绕过中间地带呢？

原来声音有个"怪脾气"：它在温度均匀的空气里是笔直走的；一旦碰到空气的温度有高有低时，它就尽挑温度低的地方走，于是声音就拐弯了。如果某个地区接近地面的温度变化得厉害，这里高那里低，那么声音拐到高空后又会往下，这样就会产生一些奇怪的现象。

（1）声音传播的速度与介质的＿＿＿＿＿＿和温度有关，声音喜欢在温度＿＿＿＿＿＿的地方传播。

（2）夏季的中午，水泥、柏油路面的温度很高，相比之下，空气温度就显得较低，此时声音的射线向＿＿＿＿＿＿（选填"地面"或"空中"）弯曲。

（3）在发生大爆炸时，距离火药库 100km 到 160km 范围内的地区地面温度较＿＿＿＿＿，而距离火药库 1 300km 远的地区地面温度较＿＿＿＿＿＿（均选填"高"或"低"）。

17. 挑战性作业。

自制乐器（制作类）

早在远古时代，古人便学会了制作乐器，其作用基本与生活、狩猎等相关，最早发现的骨哨，声音较为单调。随着文明的发展，夏商周时代发明了编钟、编磬、鼓等乐器，定音和打击乐器首次出现在历史上，欣赏性随之大大提高。再往后又出现了箫、埙、管等吹奏乐器，琴、瑟、古筝等手弹乐器。这些都充分体现了中华民族的伟大成就与智慧。

如图 2 - 13 所示，请你学习前人，就地取材，利用身边的物品，制作一个小乐器，可以是打击乐器，也可以是吹奏乐器或手弹乐器。要求：

（1）材料不限，注意安全环保；

（2）有一定的美观性；

（3）能够发出七种不同音调的声音。

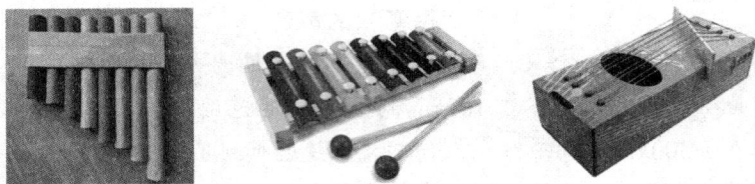

图 2 – 13

【问题引导】

（1）你制作的乐器是哪种类型？（　　　　）

A. 弦乐器　　　　　　　B. 管乐器　　　　　　　C. 打击乐器

（2）制作乐器时，你选取的发声体是什么？

（3）制作乐器的关键是使乐器可以发出不同音调的声音，你是如何解决这一问题的？

（4）在演奏自制乐器时，为了防止打扰家里其他人休息，你应该怎么做？

第三节　"透镜及其应用"大单元教学设计

一、单元教学整体规划分析

（一）课标分析及解读

了解凸透镜对光的会聚作用和凹透镜对光的发散作用，探究并了解凸透镜成像的规律，了解凸透镜成像规律的应用。

课标解读：本条标准有三点要求。第一点要求学生了解凸透镜对光的会聚作用和凹透镜对光的发散作用。为了加深学生对凸透镜能够会聚平行光的理解，可以让学生做凸透镜对光的会聚作用的实验，同时启发学生粗测凸透镜的焦距的方法，这对后面的探究是很有必要的。对于凹透镜，只要求学生了解凹透镜对光的发散作用。第二点要求学生探究并了解凸透镜成像的规律。对于凸透镜，除了会聚作用外，还要学习它的成像规律。学生通过实验探究学习凸透镜的成像规律，并了解这个规律在实际中的应用。凸透镜成像的规律属于"了解"的水平，不要要求太高。教学中应让学生认识成像规律，定性地知道像的大小、正道、虚实。第三点要求学生知道凸透镜成像规律在生产生活中有大量的应用。例如让学生了解凸透镜成像规律在放大镜、照相机中的应用，了解人眼成像的原理，了解近视眼和远视眼的成因与矫正方法。[选自《义务教育课程标准（2022年版）课例式解读：初中物理》，第89页]

对于凸透镜，首先要让学生认识凸透镜，知道可以通过焦点和焦距等描述凸透镜，了解凸透镜具有对光的会聚作用，并学习它的成像规律。关于凸透镜的成像规律，既有过程性要求，又有终结性要求，即学生既要通过实验探究学习这个规律，同时也要知道这个规律，并了解这个规律在实际中的应用。凸透镜成像规律是主题核心概念。在教学中既要重视探究式学习，也要重视了解凸透镜最核心的规律，还包括用凸透镜成像规律解释生产生活中的问题。

（二）教材分析

本单元是在"光现象"的基础上学习透镜的基础知识及其在日常生活中的应用。透镜是很多光学仪器最重要的组成部分。研究透镜对光的作用、凸透镜的成像规律及应用是本单元的重点内容。本单元凸显出理论与实践相结合，体现出从生活到物理、从物理到社会的课程理念。照相机、投影仪和放大镜是日常生活中常用的光学仪器。眼睛是人类的重要器官。通过这些光学仪器知识的学习，学生可以了解凸透镜成像的基本特征，让他们觉得物理不仅有趣，而且非常有用。

（三）单元知识结构及教学主线

本单元专题一是"透镜"，专题二是"生活中的透镜"，专题三是"凸透镜成像的规律"，专题四是"眼睛和眼镜"和"显微镜和望远镜"。本单元的知识体系（图2-14）如下：

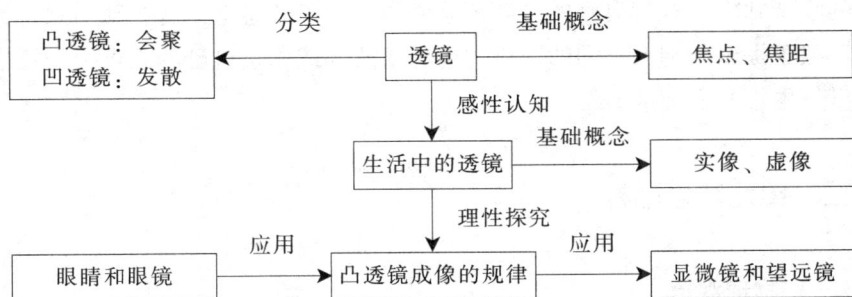

图 2-14

本单元围绕"透镜"这一主题展开，整个单元的教学思路可以设计为这样一条主线（图2-15）：

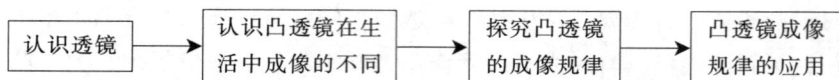

图2-15

（四）学生学情分析

1．经验及认知水平

（1）在"光的直线传播——动手动脑学物理"栏目中，要求学生制作针孔照相机，并观察窗外的景物，记录观察到的像的特点，在课堂汇报展示实验成果。同时，在课堂上引导学生继续探究小孔到烛焰距离不同时像的特点，使学生建立描述像的特点的概念：如实像、放大和缩小、倒立等。

（2）通过"平面镜成像"了解虚像概念，知道了实像和虚像的不同，这些都为探究凸透镜成像规律做好了知识上的储备。

（3）通过"生活中的透镜"了解到生活中的照相机、投影仪和放大镜都是凸透镜，但三者的成像是不同的。此时已经有了凸透镜成像有差异的感性认识。

2．素养基础

（1）通过前面的小孔成像实验和平面镜成像实验，学生已经能区分实像和虚像，同时具备了利用刻度尺读取数据的能力，从技能上为本节的学习做好了充分的准备。

（2）八年级的学生好奇心强，求知欲旺盛，勇于探索自然现象及日常生活中的物理知识，有将自己的见解公开并与人交流的愿望，有主动与人合作的精神，敢于提出与别人不同的观点，也勇于放弃或修正自己的观点，为透镜的学习做好思想和心理准备。

二、单元教学目标

（一）物理观念

通过观察知道透镜的分类及透镜的焦点、焦距，了解凸透镜和凹透镜对光的作用；了解透镜在日常生活中的应用；理解凸透镜的成像规律；了解眼睛的构造，知道眼睛是怎样看见物体的，了解眼镜是怎样矫正视力的；了解显微镜、望远镜的基本结构。

（二）科学思维
通过观察和分析能进行透镜的三条特殊光线的模型构建；能简单描述凸透镜成实像和虚像的主要特征；能在探究活动中获得提出问题、解决问题的能力；通过现象和数据的分析提升对证据的分析和论证能力；能利用透镜的相关知识解释自然界和生活中有关的现象，形成质疑创新的科学精神。

（三）科学探究
经历探究的基本过程，了解科学探究的基本步骤，探究凸透镜成像的规律；通过探究活动，体会实验探究活动在认识事物过程中的重要意义。

（四）科学态度与责任
通过模拟照相机的制作和使用，体会成功的喜悦；通过探究活动，形成勇于探索、严谨认真的科学态度；体会科学技术与日常生活的密切联系，并形成爱护眼睛的意识。

三、单元教学重难点

（一）教学重点
认识凸透镜的会聚作用和凹透镜的发散作用；探究凸透镜成像的规律；了解凸透镜成像的应用，如放大镜、照相机、投影仪、眼睛和眼镜、显微镜和望远镜等。

（二）教学难点
在探究凸透镜成像规律实验中引导学生如何发现问题、探究问题、归纳结论、评价等；师生对多媒体信息技术与课程整合的适应。

四、单元概念层级划分（图2－16）

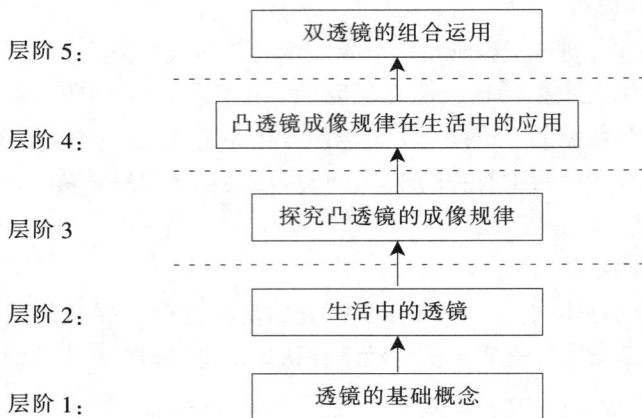

层阶5： 双透镜的组合运用

层阶4： 凸透镜成像规律在生活中的应用

层阶3 探究凸透镜的成像规律

层阶2： 生活中的透镜

层阶1： 透镜的基础概念

图2－16

五、规划单元教学内容及活动

（一）层阶1：透镜的基础概念

1. 物理情境

展示生活中的一些镜子，如常用到的平面镜、凹面镜、凸面镜、玻璃砖、凸透镜、凹透镜等，尝试将它们进行分类，并说明分类的理由。对于透镜来说，又可以怎样分类？分类的依据是什么？

2. 知识安排

透镜相关基础概念；透镜对光的作用；透镜的三条特殊光线。

3. 核心素养

通过观察、实验认识透镜，构建透镜对光的传播路径影响的认知，在用太阳光粗略测量焦距的实验中培养学生利用身边器材探知规律的兴趣和能力，在"会聚""发散"的辨析中感悟相对性。学习方式：通过感知从外形上认识透镜，通过实验感知透镜对光的作用，构建焦点、焦距等基础概念，用光路模型表示光的传播规律。

（二）层阶2：生活中的透镜（感知凸透镜成像的特点与距离有关）

1. 物理情境

回顾旧知：什么是凸透镜？它对光有什么作用？在生活中它又被用在哪些地方呢？

2. 知识安排

照相机、投影仪、放大镜成像的特点；实像和虚像的区别。

3. 核心素养

掌握透镜种类、成像原理、光学性质等相关知识与技能。能够运用透镜知识解释日常生活中的光学现象，如照相机、投影仪、放大镜的使用等。通过自主合作探究，掌握科学的探究方法，包括观察、实验、推理、总结等，培养科学探究精神和严谨的思维态度；激发对科学的求知欲，乐于探索自然现象和日常生活中的物理学道理，培养将科学技术应用于生活实际的科学素养。

4. 学习方式

观察生活中的透镜应用实例，如照相机、投影仪、放大镜等，通过实际操作和观察，理解透镜的种类、成像原理和光学性质。通过小组合作，制作模拟照相机，体验透镜成像的过程，加深对透镜成像原理的理解。通过改变透镜的距离，观察成像的变化，理解透镜的调节原理。通过探究和思考，提高对透镜知识的理解和掌握。通过与同学讨论、分享和交流，共同解决问题，提高学生的科学素养和实践能力。

（三）层阶3：探究凸透镜的成像规律（感知凸透镜成像的特点与距离有关）

1. 物理情境

小实验：用凸透镜观察远近不同的物体。手持凸透镜观察书上的字，然后逐渐移动透镜，观察远处的物体。分享离凸透镜远近不同时像有什么变化？请针对该现象提出一个物理问题，然后猜想这个问题的原因是什么？又该如何验证猜想是否正确呢？

2. 知识安排

探究凸透镜的成像规律。

3. 核心素养

通过实验探究了解科学探究的基本流程和方法，能够根据问题提出假设并进行实验验证，掌握科学的观察和记录方法。学生需要通过观察、实验、总结等方式，掌握科学的探究方法，发展科学思维能力和科学推理能力。了解凸透镜成像的基本原理和规律，包括物距、像距、实像、虚像等概念，能够理解凸透镜成像的应用。学生需要具有对科学的求知欲和探索精神，能够积极参与科学探究活动，关注与物理学相关的社会、环境等问题，培养科学态度和提高社会责任感。

4. 学习方式

学生以小组合作的方式，通过实验探究凸透镜成像的规律，通过改变物距、像距等参数，观察成像的变化，记录数据，分析规律。通过生生、师生间互相交流、讨论、合作，共同解决问题，加深对凸透镜成像规律的理解，如实像和虚像的区别、放大和缩小的规律等。

（四）层阶4：凸透镜成像规律在生活中的应用（眼睛和眼镜）

1. 物理情境

俗话说，眼睛是心灵的窗户，眼睛对于我们每一个人来说非常重要。生物课上我们了解了眼睛的构造及看见东西的生理过程。请学生对照眼睛的结构图跟同桌交流一下它的组成及成像过程。同时思考，为什么眼睛会出现近视、远视等视觉问题？我们又该如何矫正呢？

2. 知识安排

眼睛的构造和成像原理、视力缺陷和矫正方法、眼镜的矫正原理。

3. 核心素养

科学观念、科学思维：光具座模拟探究近视眼、远视眼成像过程及矫正方法，让学生掌握建模和探究方法，能够运用归纳、演绎、推理等方法，探究眼睛和眼镜的问题，理解问题的本质和解决方法。因此，了解眼睛的生理结构和光学原理，理解视觉的形成和眼镜的矫正原理，能够解释眼睛的各种视觉问题；同时培养学生对科学的求知欲和探索精神，让学生能够积极参与科学探究活动，关注与眼睛和眼镜相关的社会、环境等问题，培养科学态度和提高社会责任感。

4. 学习方式

学生可以通过阅读结构图、教材，了解眼睛的构造和成像原理。使用光具座等实验仪器模拟正常眼、近视眼、远视眼的成像过程及矫正方法，在观察、讨论中巩固正常眼、远视眼、近视眼的特点、成像特征及矫正方法。通过收集资料了解近视眼不同的矫正方法和眼镜度数的确定方法；在辩论中了解眼镜和激光手术的好坏。

（五）层阶 5：双透镜的组合运用（显微镜、望远镜）

1. 物理情境

通过放大镜可以将微小的物体放大，但要观察更小的物体就需要显微镜了。显微镜为什么可以放大那么多倍？它的结构是怎样的？光学原理是什么？最先进的显微镜又是怎样的？

2. 知识安排

显微镜的构造和组成、显微镜的光学原理，包括凸透镜的成像原理、显微镜的放大倍数计算方法等。望远镜的构造和组成、望远镜的光学原理，以及在天文学、军事、观测等不同领域的应用。

3. 核心素养

通过收集资料了解显微镜和望远镜的基本结构、光学原理和成像规律，理解它们的放大倍数计算方法，掌握它们的正确使用方法和注意事项，并能够进行简单的维护和保养。通过分析显微镜和望远镜的光学原理，学会应用已知的科学规律解释具体问题，获得初步的分析概括能力，能够比较显微镜和望远镜的结构和原理，分析它们在不同领域的应用，并能够进行简单的实验设计和操作。了解它们的发展历程和科学家们的贡献，培养学生对科学的求知欲和探索精神，乐于探索自然现象和日常生活中的物理道理，初步建立将科学技术应用于实际的意识，注意安全使用和保护仪器设备的意识。

4. 学习方式

通过收集资料的方式了解显微镜、望远镜的结构和原理，了解它们的发展历程和科学家们的贡献。通过展示、交流、质疑加深对显微镜和望远镜的理解和应用，培养学生的合作精神和交流能力。

六、教学评价

1. 光从空气射入透镜时会发生_____。如图 2−17 所示，现有一个玻璃圆球被分成 A、B、C、D、E 五块，属于凸透镜的是_____，属于凹透镜的是_____。

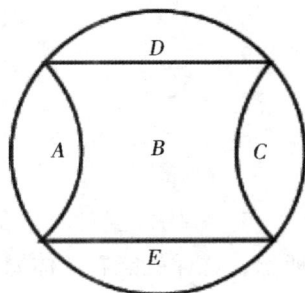

图 2−17

2. 关于透镜，下列说法正确的是 （   ）。

A. 通过凸透镜的两束光一定相交　　　B. 通过凹透镜的两束光一定不相交

C. 凸透镜只对平行光有会聚作用　　　D. 凹透镜对所有光都有发散作用

3. 如图 2 - 18 甲所示，将一个凸透镜正对太阳光放置，其下平行放置一张白纸。将凸透镜沿太阳光方向远离白纸，观察到白纸上的光斑的变化情况是＿＿＿＿＿＿＿＿；当光斑大小最＿＿＿＿＿＿＿＿时，光斑到透镜光心的距离为焦距，若此时凸透镜和白纸的位置如图 2 - 18 乙所示，那么该凸透镜的焦距为＿＿＿＿＿＿＿＿。

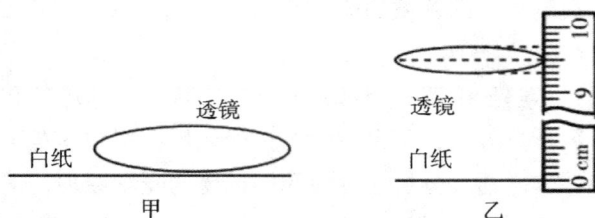

图 2 - 18

4. 如图 2 - 19 所示，两条平行于凸透镜主光轴的光线经凸透镜折射后会聚到点 F，则点 F 就是该凸透镜的＿＿＿＿＿＿＿＿；若①②两条光线均远离主光轴一段距离（仍平行射到凸透镜上），则经凸透镜折射后的会聚点 F 的位置将＿＿＿＿＿＿＿＿；若将该凸透镜削薄后放在原位置，则会聚点 F 的位置将＿＿＿＿＿＿＿＿。（后两空均选填"向右移动""向左移动"或"保持不变"）

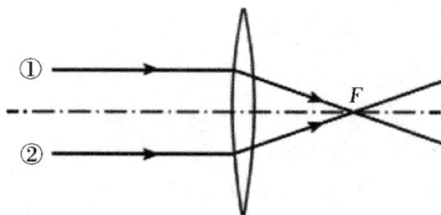

图 2 - 19

5. 常用体温计刻度部分为三棱体，其正面呈圆弧形，横截面如图 2 - 20 所示，这样就能看清体温计内极细的水银柱，以便于读数。下列光学仪器中成像特点与其相同的是（　　　）。

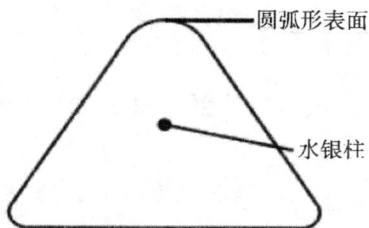

图 2 - 20

A. 照相机　　　　B. 投影仪　　　　C. 放大镜　　　　D. 平面镜

6. 乘坐高铁列车的乘客需要面对摄像头"刷脸"进站，下列说法正确的是（　　　）。

A. 摄像头的镜头是凹透镜

B. 人脸经摄像头成倒立、放大的像

C. 人脸到镜头的距离小于像到镜头的距离

D. 当人靠近摄像头时，人脸所成的像变大

7. 小刚同学隔着放大镜看远处的景物，则（　　　）。

A. 看到的只能是正立、放大的像　　　　B. 看到的只能是倒立、缩小的像

C. 看到的只能是倒立、放大的像　　　　D. 以上三种像都可以看到

8. 图 2 - 21 所示是"探究凸透镜成像的规律"的实验装置，凸透镜固定在 50cm 处。

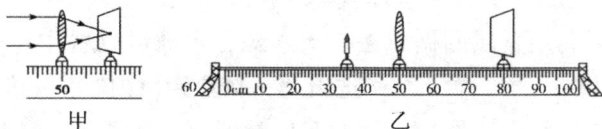

图 2 - 21

（1）安装实验器材时，应使烛焰、凸透镜、光屏三者的中心在＿＿＿＿＿；实验应在较＿＿＿＿＿（选填"亮"或"暗"）的环境下进行。

（2）实验前须测量凸透镜的焦距，使一束平行光正对凸透镜照射，移动光屏，直至光屏上出现一个＿＿＿＿＿＿、最亮的光斑，如图 2 - 21 甲所示，

则该凸透镜的焦距是_____cm。

（3）将蜡烛移至0刻度处，移动光屏找到清晰的像，此时光屏上成_____立、_____的像，该像是_____（选填"虚"或"实"）像。

（4）当蜡烛、凸透镜、光屏的位置如图2-21乙时，光屏上成清晰的像，是_____立、_____的。

（5）将蜡烛移至_____cm刻度处时，移动光屏，光屏上能呈现与烛焰等大的清晰的像。

（6）将蜡烛移至45cm刻度处，发现无论如何移动光屏都找不到清晰的像，原因是_____

_____。

9. 图2-22甲是放置在水平桌面上的刻度尺的一部分，图2-22乙是通过凸透镜看到的刻度尺的像。若凸透镜贴着刻度尺逐渐远离，则看到图2-22乙中四个像的先后顺序应是（　　）。

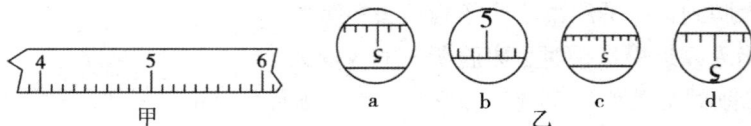

图2-22

A. a→b→c→d　　　B. b→c→a→d　　　C. b→d→a→c　　　D. c→a→b→d

10. 神舟十三号乘组航天员翟志刚、王亚平、叶光富变身"太空教师"在中国空间站精彩开讲，并面向全球直播。在水球光学实验中：

（1）王亚平利用金属圈做成一个大水球，水球可以看作一个_____透镜。王亚平站在_____（选填"一倍焦距以内""一倍焦距到二倍焦距之间"或"二倍焦距以外"），因此我们看到的是她倒立、缩小的实像。

（2）水球中央加气泡后，通过透镜看到的是一正一反两个像，这是因为外圈部分虽然没有原来完整，但对光线仍然有_____作用，依然能够成像；而中间部分相当于两个_____透镜，所以出现了一个正立的像。

（3）根据上面的实验现象，请你推测一下，凹透镜的成像特征是_____。在图2-23中作出光路图加以证明。

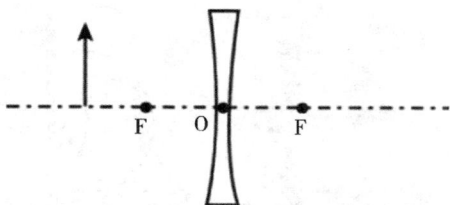

图 2 - 23

11. "方寸天地纳寰宇"描述了小小眼球可尽观广袤世界。下列选项中能够解释眼球成像原理的是（　　　）。

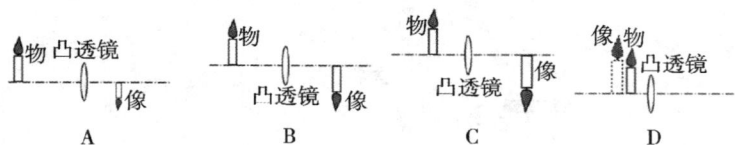

12. 图 2 - 24 是正常人眼观察近处物体和远处物体时的图示。当物体远离眼睛时，晶状体变_____，折光能力变_____；当物体靠近眼睛时，像距_____，像_____（后两空均选填"变大""变小"或"不变"）。

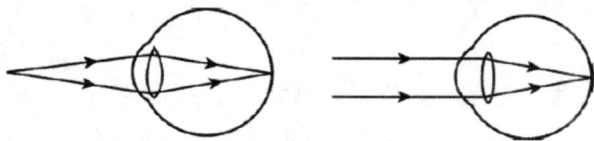

图 2 - 24

13. 图 2 - 25 是小明观察远处帆船时的情形，则小明的视力问题是_____（选填"近视"或"远视"），戴眼镜前帆船的像成在小明视网膜的_____（选填"前"或"后"）方，小明所戴眼镜的镜片是_____（选填"凹透镜"或"凸透镜"）。

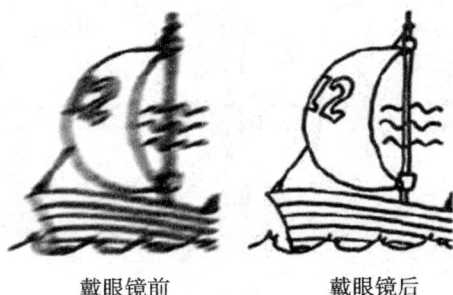

戴眼镜前　　　　　　戴眼镜后

图 2 - 25

14. 如图 2 - 26 甲，小明在老师的指导下做"用水透镜模拟眼睛成像"的实验。

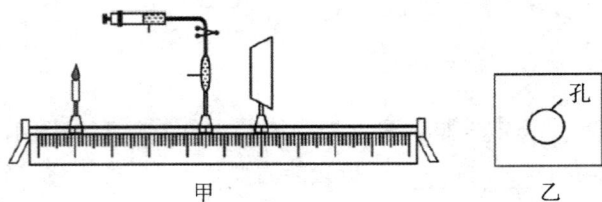

甲　　　　　　　　　　乙

图 2 - 26

(1) 当向水透镜中注水时，水透镜的折光能力变_____，焦距变_____。

(2) 固定水透镜和光屏的位置，当蜡烛靠近水透镜时，蜡烛的像将_____（选填"靠近"或"远离"）水透镜，为了使像成在光屏上，应向水透镜中_____（选填"注水"或"抽水"）。

(3) 继续将蜡烛靠近水透镜，光屏上的像变模糊，此时模拟的是_____视眼；若要模拟该视力问题的矫正，应在水透镜前放合适的_____透镜，利用的是该透镜对光的_____作用。

(4) 若在水透镜前放一个如图 2 - 26 乙所示的遮光板，孔的直径小于水透镜的直径，来探究瞳孔的作用。与放遮光板之前相比，像的变化是_____（选填字母）。

A. 像少了外圈的一部分　　　B. 像变小了一圈　　　C. 像变暗了一些

（5）根据实验结果回答下列问题：

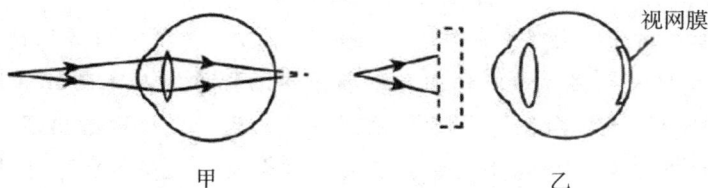

图 2 - 27

①图 2 - 27 甲是某视力缺陷者的视物成像图，请在图 2 - 27 乙的虚线框中画上合适的矫正透镜，并将矫正后的光路图补充完整。

②用焦距可调的照相机给别人拍照，拍完全身照后，若想再拍一张半身照，则应该＿＿＿＿＿＿＿＿（多选，选填字母）。

A. 往前移动，镜头往内缩　　　　B. 往前移动，镜头往外伸

C. 焦距调大，镜头往外伸　　　　D. 焦距调小，镜头往内缩

15. 显微镜的目镜和物镜使用的都是＿＿＿＿＿＿＿＿透镜。当微小物体在物镜的一倍焦距和两倍焦距之间时，物体通过物镜成放大的＿＿＿＿＿＿＿＿（选填"实"或"虚"）像。当这个像位于目镜的一倍焦距以内时，再通过目镜成＿＿＿＿＿＿＿＿（选填"放大"或"缩小"）的虚像。这样我们最终看到的是微小物体＿＿＿＿＿＿＿＿立、＿＿＿＿＿＿＿＿（选填"放大"或"缩小"）的像。

16. 如图 2 - 28 所示，小明用焦距不同的放大镜 A、B 来模拟望远镜观察远处的景物，其中放大镜 B 的作用是使物体成倒立、＿＿＿＿＿＿＿＿（选填"放大"或"缩小"）的＿＿＿＿＿＿＿＿像，放大镜 A 成的是＿＿＿＿＿＿＿＿像；小明最终观察到的是物体＿＿＿＿＿＿＿＿立的＿＿＿＿＿＿＿＿像（第二、三、五空均选填"实"或"虚"）。

图 2 - 28

17. 挑战性作业。

"仰望星空"科普短文

世界有多大？宇宙是什么样的？这些问题亘古以来就吸引并困惑着人们，从人类第一次仰望星空开始，我们对浩瀚宇宙的探索就从未停止。1609 年，人类第一次将望远镜指向天空；1668 年，第一台反射式望远镜出现，使望远镜不再局限于折射镜；1990 年，发射了第一台太空天文望远镜，从此突破了大气层对观察的阻碍。

请从"伽利略望远镜""开普勒望远镜""中国天眼""韦布空间望远镜"中任选一个，搜索相关信息，自拟题目，写一篇科普小短文。要求：
（1）包含所选望远镜的原理；
（2）包含所选望远镜的优点和缺点；
（3）包含所选望远镜在探索宇宙中取得的成果。

第四节 "浮力"大单元教学设计

一、单元教学整体规划分析

（一）课标分析及解读

通过实验，认识浮力，探究并了解浮力大小与哪些因素有关。知道阿基米德原理，能运用物体的浮沉条件说明生产生活中的有关现象。

课标解读：本条标准有三点要求，第一点要求学生通过实验认识浮力，浮力是比较抽象的物理量，也是学习难点。第二点要求学生探究并了解浮力大小与哪些因素有关，教师应注意让学生在实验探究中使用控制变量法，了解浮力与物体排开液体的体积、液体密度有关，并将所学知识运用到生活中。第三点要求是对阿基米德原理定位在"知道"的水平，要求学生能运用物体的浮沉条件解释生产生活中的一些现象，例如了解潜水艇的浮沉原理。关于浮力的教学要注意不能随意拔高，不要求进行复杂的浮力计算。[选自《义务教育课程标准（2022 年版）课例式解读：初中物理》，第 87 页]

（二）教材分析

本单元是"力""运动和力""压强"内容的延伸。本单元通过三个过程来呈现对浮力的认识：感知浮力、测量浮力、分析浮力产生的原因。本单元通过科学探究浮力的大小跟哪些因素有关和浮力跟排开液体所受重力的关系，构建阿基米德原理，整个探究过程逻辑关系清晰、合理，符合学生的认知规律。最后回归对物体浮沉条件的探索，通过轮船、潜水艇、气球、飞艇这些浮力实例的分析，使得学生对浮力与生产、生活的联系有全面、清晰的认识。

（三）单元知识结构及教学主线

本单元一共包括三节内容，认识浮力、阿基米德原理及物体的浮与沉。本单元教材的编排由浅入深，层层递进，符合知识的逻辑规律以及学生的认知规律。第一节首先从学生的经验及课前实践活动出发，认识浮力的概念、方向、大小的测量、产生的原因以及大小的影响因素；第二节探究浮力大小与排开液体的重力的关系；第三节认识物体的浮沉条件以及相关的应用，如轮船、潜水艇、热气球等。本单元的内容结构如图 2 – 29 所示：

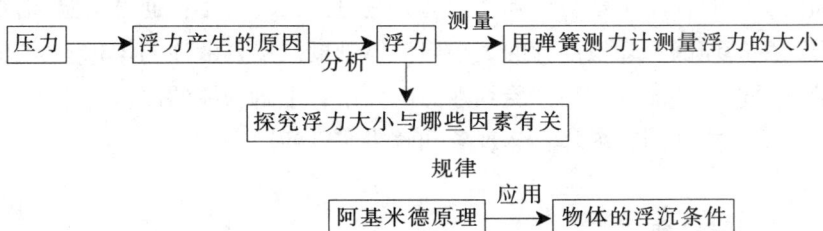

图 2 – 29

本单元围绕"浮力"这一主题展开，整个单元的教学思路可以设计为这样一条主线（图 2 – 30）：

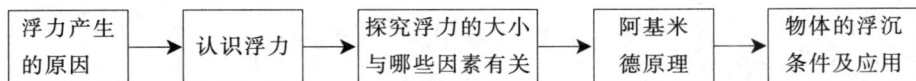

图 2 – 30

（四）学生学情分析

1. 经验及认知水平

学生在日常生活和小学科学课的学习中，对浮力也有一定的感性认识，如知道轮船、鸭子、乒乓球等物体浮在水面，是受到了浮力的作用，也知道沉底的物体不受到浮力的作用。但这些认识还很肤浅，有的甚至是错误的，对概念的理解、规律的分析有所欠缺。

2. 素养基础

经过半年的物理学习，学生已初步具备了一定的观察能力和分析能力，有一定的思维方法，但思维的深度和广度还不够；八年级学生侧重于对直观现象进行具体、形象的思维来获得知识；初中学生对自然界有强烈的好奇心和求知欲。

二、单元教学目标

（一）物理观念

通过生活现象和演示实验，从物理学角度认识浮力的方向；通过学生体验活动和动手实验使学生学会用弹簧测力计测量浮力的大小；通过实验和推导了解浮力产生的原因；知道浮力的大小与液体密度及浸入液体的体积有关；知道阿基米德原理，并能计算物体受到浮力的大小；了解物体的浮沉与重力、浮力之间的关系，能运用其解释自然现象和解决实际问题。

（二）科学思维

在浮力产生原因等演示实验中，培养学生的观察能力，提升学生的归纳演绎能力；通过事实和实验了解阿基米德浴缸模型，渗透物理模型的意识，经历阿基米德原理的发现过程，了解科学想象与科学推理相结合的科学方法；通过物体浮沉探究实验，培养学生抽象概括、推理论证、类比分析的思维能力，使学生养成良好的思维习惯。

（三）科学探究

经历浮力大小与哪些因素有关、阿基米德原理、物体浮沉等科学探究活动，在探究过程中培养学生的问题意识和能力，巩固学生对控制变量法的理解和运用，使学生掌握收集数据培养分析论证的能力（描述、解释实验研究结果，准确表达、评估和反思实验探究过程和结果的能力）；在实验中培养学生合作交流的意愿与能力。

（四）科学态度与责任

通过从自然、生活到物理的认知过程，激发学生自主提问的能力，培养学生终身的探索兴趣，通过分析归纳得出结论，培养严谨的科学态度和协作精神。

三、单元教学重难点

（一）教学重点

认识浮力；探究影响浮力的大小因素和阿基米德原理；能计算浮力的大小；知道物体浮沉的条件。

（二）教学难点

启发探究影响浮力的大小因素和阿基米德原理的科学方法；能用阿基米德原理、物体的浮沉条件、二力平衡等知识进行综合计算。

四、单元概念层级划分（图2-31）

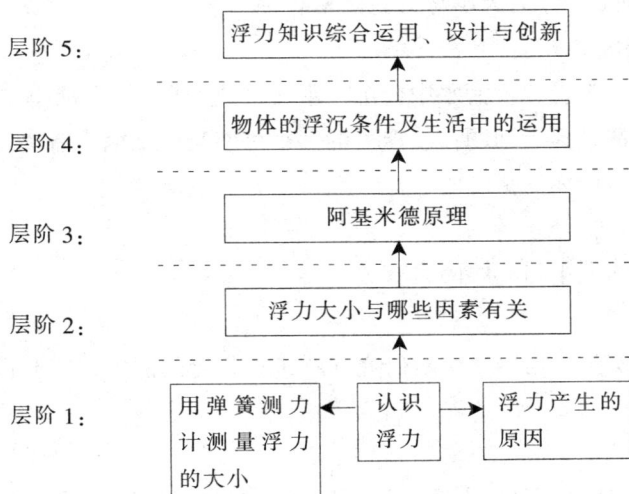

层阶5：　浮力知识综合运用、设计与创新

层阶4：　物体的浮沉条件及生活中的运用

层阶3：　阿基米德原理

层阶2：　浮力大小与哪些因素有关

层阶1：　用弹簧测力计测量浮力的大小　←　认识浮力　→　浮力产生的原因

图2-31

五、规划单元教学内容及活动

(一)层阶1：认识浮力

1. 物理情境

观察图片：航母浮在水面、潜水艇悬浮在水中、铁块正在下沉。由此情景提出问题：①航母浮在水面、潜水艇悬浮在水中是哪个力的作用效果？判断的依据是什么？②下沉的铁块是否也受到这样的力的作用？证明你的观点证据是什么？

2. 知识安排

浮力的定义、方向，称重法测量浮力。

3. 核心素养

通过分析大量生活现象抽象出浮力的概念，学会归纳抽象的思维过程；通过受力分析学会用二力平衡知识判断另一个力的方向的方法；通过判断下沉的铁块是否受到浮力的活动，培养证据意识。

4. 学习方式

通过分析交流、测量，认识浮力的定义及方向，掌握弹簧测力计测量浮力的方法；通过演示实验和理论分析，了解浮力产生的原因。

(二)层阶2：浮力大小与哪些因素有关

1. 物理情境

观看视频：鸡蛋放入清水中会沉入水底，放入食盐并不断搅拌，鸡蛋慢慢浮起来。由此情景提出问题：①浮力的大小可能与什么因素有关？②如何设计实验收集证据验证你的猜想？

2. 知识安排

探究浮力的大小与哪些因素有关。

3. 核心素养

通过探究实验，培养学生对研究问题进行整合的能力、实验设计能力、分析论证能力。

4. 学习方式

通过探究实验，了解浮力的大小与深度无关，与浸入液体的密度、体积有关。

（三）层阶3：阿基米德原理

1. 物理情境

将空易拉罐轻轻压入装满水的大烧杯中，感受手受到的力的变化并观察溢出的水的变化。由此情景提出问题：①手受到的力的变化实际是什么力的变化？②浮力的大小与溢出水的哪个量可能有定量关系？③如何设计实验验证浮力的大小与排开水受到重力的关系？

2. 知识安排

探究浮力大小与排开液体所受重力的关系、阿基米德原理、浮力的简单计算。

3. 核心素养

通过阿基米德从现象到研究点的确定培养学生信息关联整合的意识和提出问题的能力；通过科学探究培养学生实验设计能力、证据意识和反思能力。

4. 学习方式

阅读物理史材料，了解阿基米德由现象到研究的探索过程；通过科学探究，得出阿基米德原理；通过阅读教材，学习利用公式进行简单计算。

（四）层阶4：物体的浮沉条件及生活中的运用

1. 物理情境

观察图片：航母浮在水面、潜水艇悬浮在水中、铁块正在下沉。由此情景提出问题：①都是铁制成的物体，为什么航母漂浮而铁块沉底？②什么样的方法可以让铁块任意浮沉？③轮船、潜水艇的浮沉方法是什么？

2. 知识安排

浮沉条件、浮力的运用（轮船、潜水艇、飞艇）。

3. 核心素养

引导学生运用二力平衡和力与运动的关系描述物体的浮沉，培养学生整合知识解决问题的能力；引导学生关注事物之间的联系，深化对知识及知识间相互联系的认识。通过对轮船、潜水艇和热气球的解释，以加强对物体浮沉条件的认识，强化运用知识解决问题的能力。

4. 学习方式

通过科学探究，得出浮沉条件；通过阅读教材，了解轮船、潜水艇、飞艇利用浮力和改变浮沉状态的方法。

（五）层阶 5：浮力知识综合运用、设计与创新

1. 物理情境

在前面的实验中，我们发现向水中加入一定量的食盐后，鸡蛋会上浮，直到漂浮，且盐水的密度越大，鸡蛋漂浮时排开液体的体积越小。能否根据这个规律制作出一个简易的测量液体密度的密度计？如何对它进行标度？如何提高它的精度？

2. 知识安排

制作密度计，利用浮力的方法测量石头的密度。

3. 核心素养

在制作密度计过程中培养学生的动手能力，巩固对漂浮状态液体密度与排开液体体积的关系的认识，发现刻度线上小下大的秘密，了解提高测量精度的方法；通过浮力测量石头密度的活动，体会等效替代的思想及公式推导转化能力。

4. 学习方式

自主实验并撰写实验报告进行交流讨论。

六、教学评价

1. 如图 2－32 所示，将两端蒙有绷紧程度相同的橡皮膜的玻璃圆筒浸没在水中，当玻璃圆筒沿水平方向放置时，水对玻璃圆筒两端的橡皮膜的压力 $F_{向左}$ 和 $F_{向右}$ 的大小关系是 $F_{向左}$_____$F_{向右}$；当玻璃圆筒沿竖直方向放置时，水对玻璃圆筒两端的橡皮膜的压力 $F_{向上}$ 和 $F_{向下}$ 的大小关系是 $F_{向上}$_____$F_{向下}$（前两空均选填"＞""＜"或"＝"）。通过以上探究，你认为浮力产生的原因是_____。

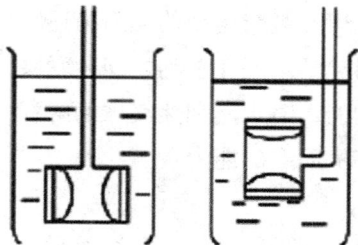

图 2－32

2. 关于浮力，下列说法正确的是（　　）。

A. 浮力的施力物体只能是液体

B. 浮力的方向不一定是竖直向上的

C. 正在水中下沉的石头受到浮力的作用

D. 只有漂浮在液面上的物体才受到浮力的作用

3. 图 2-33 表示跳水运动员从入水到露出水面的过程，其中运动员受到水的浮力不断增大的阶段是（　　）。

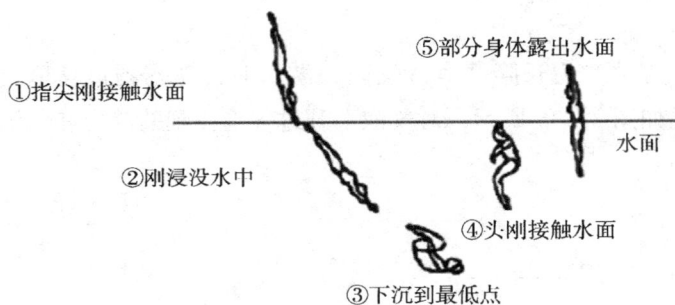

①指尖刚接触水面

⑤部分身体露出水面

②刚浸没水中

水面

④头刚接触水面

③下沉到最低点

图 2-33

A. ①→②　　　B. ②→③　　　C. ③→④　　　D. ④→⑤

4. 如图 2-34 所示，小阳对"物体在水中浸没前受到的浮力是否与浸入深度有关"进行了研究。

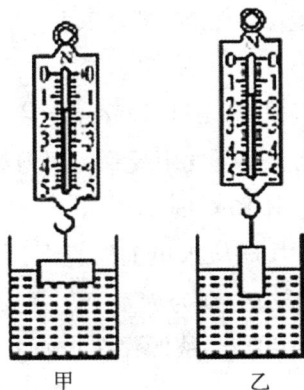

甲　　　　　　乙

图 2-34

（1）将一长方体金属块横放，部分浸入水中，在烧杯壁的水面位置作一标记线，读出弹簧测力计的示数 $F_甲$（如图 2 – 35 甲）为＿＿＿＿＿＿＿N。

（2）再把该金属块竖放浸入同一杯水中，当水面与标记线相平时，读出弹簧测力计的示数 $F_乙$（如图 2 – 35 乙），使水面与标记线相平的目的是＿＿＿＿
＿＿＿＿＿＿＿。

（3）比较发现 $F_乙 = F_甲$，可初步得出结论：浸没前物体受到的浮力与浸入深度＿＿＿＿＿＿（选填"有关"或"无关"）。此时，两金属块底部受到水的压强 $p_甲$＿＿＿＿＿＿＿$p_乙$，受到水的压力 $F_甲$＿＿＿＿＿＿＿$F_乙$（后两空均选填 "＞" "＝" 或 "＜"）。

5. 小杰同学在珠海长隆"海洋王国"游玩时，观察到鱼嘴里吐出的气泡上升时的情况如图 2 – 35 所示，对气泡上升过程中受到的浮力和气泡内气体压强分析正确的是（　　　）。

图 2 – 35

A. 浮力不变，压强不变　　　B. 浮力变小，压强变小

C. 浮力变大，压强变小　　　D. 浮力变大，压强变大

6. 地面附近空气的密度约是 1.3kg/m^3，若一只放飞的气球体积是 0.06m^3，质量为 0.03kg，则它在空气中受到的浮力约是＿＿＿＿＿＿N，浮力的方向为＿＿＿＿＿＿。（g 取 10N/kg）

7. 如图 2 – 36 所示，乒乓球从水里上浮直至漂浮在水面上的过程中，乒乓球在 A、B 位置时受到的浮力分别为 F_A、F_B，则 F_A＿＿＿＿＿＿F_B（选填 "＞" "＜" 或 "＝"）；若乒乓球最终漂浮在水面上时排开水的质量为 3g，则此时乒乓球受到的浮力为＿＿＿＿＿＿N。（g 取 10N/kg）

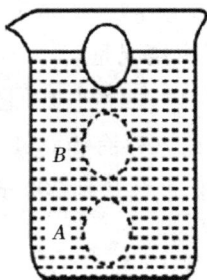

图 2 – 36

8. 小东用如图 2 – 37 所示实验装置验证阿基米德原理。当物块浸入装满水的溢水杯中时，水会流入空桶，请回答下列问题：

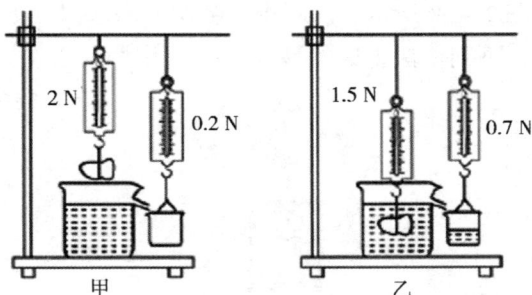

图 2 – 37

（1）如图 2 – 37 甲所示，当物块浸入装满水的溢水杯中时，水对溢水杯底部的压强_____（选填"变大""不变"或"变小"）。根据图中数据可知，实验中物块所受浮力是_____ N。

（2）小东的实验结果与阿基米德原理_____（选填"相符"或"不相符"）。

（3）如果实验前溢水杯未装满水，实验测得的_____（选填"浮力"或"排开水的重力"）将会_____（选填"偏大"或"偏小"）。

（4）若改为用酒精来进行实验，则图 2 – 38 乙中左侧弹簧测力计的示数将变为_____ N。（$\rho_{水} = 1 \times 10^3 kg/m^3$，$\rho_{酒精} = 0.8 \times 10^3 kg/m^3$）

（5）实验中换用不同种类的液体进行实验的目的是_____

_____。

9. 在一个装满水的容器中，放入一个质量为 20g 的物块，从容器中溢出 15g 的水，则该物块在水中的浮沉情况是（   ）。

A. 下沉   B. 上浮   C. 悬浮   D. 无法判断

10. 将质量为 100g 的物体放入盛有 100mL 酒精（$\rho_{酒精} = 0.8 \times 10^3 \text{kg/m}^3$）的量筒中，物体静止后，酒精液面上升到 200mL 刻度线处，则该物体在量筒中的情况是（   ）。

A. 沉在量筒底部   B. 漂浮在酒精液面上

C. 悬浮在酒精中   D. 条件不足，无法确定

11. 小明在家洗碗时发现，碗可以漂浮在水池里的水面上，也可以沉入水底，与漂浮时相比，碗沉入水底时（   ）。

A. 浮力变大   B. 浮力不变   C. 不受浮力   D. 浮力变小

12. 在海域放置浮标（浮标体积保持不变）可以标示航道浅滩或危及航行安全的障碍物，如图 2-38 所示。从夏季至冬季，海水温度下降、密度变大的过程中，关于浮标，下列说法正确的是（   ）。

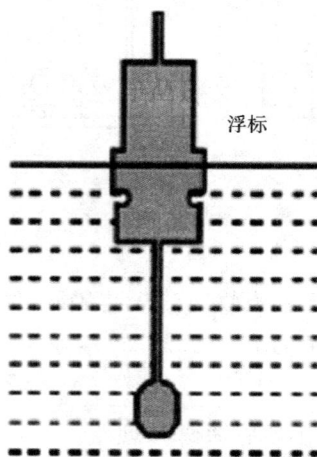

图 2-38

A. 浮力不变，露出海面体积变大   B. 浮力不变，露出海面体积变小

C. 浮力变大，露出海面体积变小   D. 浮力变小，露出海面体积变大

13. 如图 2-39 所示，一个"孔明灯"底部的燃料燃烧，使"孔明灯"内空气的温度升高，原有气体的体积_____，密度_____，这

样就有部分气体从"孔明灯"的底部溢出，导致"孔明灯"整体的重力＿＿＿＿＿＿＿＿（三空均选填"变大""变小"或"不变"）。当重力＿＿＿＿＿＿＿＿（选填"大于"或"小于"）浮力时，"孔明灯"开始上升。

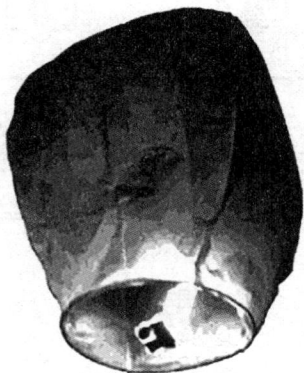

图 2 – 39

14. 潜水艇是通过改变＿＿＿＿＿＿＿＿来实现上浮和下潜的。向潜水艇的水舱中充入适量的海水后，潜水艇在海水中由悬浮变为下沉，潜水艇受到的浮力＿＿＿＿＿＿＿＿（选填"变大""变小"或"不变"）。如果该潜水艇由大海潜入长江仍要保持悬浮，应该＿＿＿＿＿＿＿＿（选填"增加"或"减少"）潜水艇水舱中水的质量。（$\rho_{江水} < \rho_{海水}$）

15. 将一个重 0.55N 的鸡蛋放入装满水的溢水杯中，鸡蛋没入水中沉底稳定后，溢出 50g 的水。（g 取 10N/kg，$\rho_水 = 1 \times 10^3 kg/m^3$）求：

（1）鸡蛋受到的浮力；

（2）沉底后，鸡蛋对溢水杯底部的压力；

（3）通过向水中加盐使鸡蛋恰好悬浮在盐水中，要配置的盐水的密度。

16. 小云在学习了阿基米德原理后，发现用弹簧测力计也可以测出物体的密度。（$\rho_水 = 1 \times 10^3 kg/m^3$，$g$ 取 10N/kg）

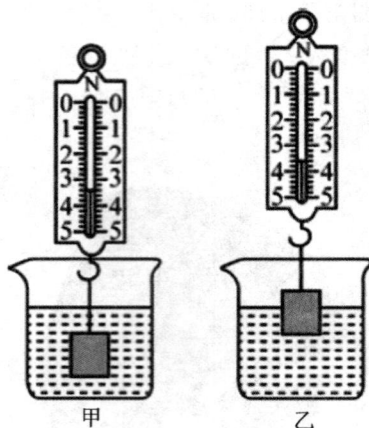

图 2 - 40

（1）首先利用水来测量某一合金块的密度，设计的实验步骤如下：

①用细线系住合金块，用弹簧测力计测出合金块的重力为 4N；

②在容器内盛适量水，将合金块浸没在水中，此时弹簧测力计示数为 3.5N；

③被测合金块的体积：$V_{合金}$ = ＿＿＿＿＿＿＿ m^3；

④被测合金块的密度：$\rho_{合金}$ = ＿＿＿＿＿＿ kg/m^3。

（2）实验结束后，她发现利用该合金块还能测量未知液体的密度，于是她想测量盐水的密度。

①如图 2 - 40 甲，将挂在弹簧测力计挂钩上的合金块浸没在盐水中，则合金块浸没在盐水中受到的浮力：$F_{浮}$ = ＿＿＿＿＿＿ N。

②该盐水的密度：ρ = ＿＿＿＿＿＿ kg/m^3。

③实验完成后，小云思考：如果在步骤①中合金块只有部分浸入盐水中（如图 2 - 40 乙），则按上述步骤测出的盐水密度与真实值相比要＿＿＿＿＿＿（选填"偏大"或"偏小"）。

第五节　"内能及其利用"大单元教学设计

一、单元教学整体规划分析

（一）课标分析及解读

1. 了解内能和热量，从能量转化的角度认识燃料的热值

这条标准包括两项要求。一是"了解内能和热量"，教学中可通过实验和生活中的实例让学生了解内能和热量，通过实例让学生了解内能是能量的一种重要形式，与人们的生活紧密相关。二是"从能量转化的角度认识燃料的热值"，人类利用燃料是把燃料储存的化学能转化为内能、光能的。学生通过这部分内容的学习，可以从能量转换的角度认识燃料的热值，知道不同燃料的热值不同，知道燃料是人类利用的重要能源，提高保护环境、节约能源的意识。

2. 通过实验，了解比热容，能运用比热容说明简单的自然现象

比热容是较为抽象的概念，在教学实践中应通过比较质量相同的不同物质升高相同的温度吸收的热量不同，引入比热容的概念，在实验中培养学生的科学探究素养。教学中可以引导学生用比热容的概念去解释、说明生活中的常见实例和简单的自然现象。例如，能运用比热容说明为什么沙漠中的昼夜温差比海边的大，提高学生利用物理知识解释自然现象、解决实际问题的能力。

3. 了解热机的工作原理，知道内能的利用在人类社会发展史中的重要意义

这条标准包含"了解热机的工作原理""知道内能的利用在人类社会发展史中的重要意义"两项要求。在教学实践中，可以通过演示实验，如加热橡胶塞封闭的试管观察实验现象，分析实验过程中的能量转化现象，进而让学生了解蒸汽机的基本原理。样例"了解热机对社会发展所起的作用和对环境的影响"提示我们可以通过网络资料展示内燃机、汽轮机、喷气发动机等热机的工作原理，以及对社会发展所起的作用和对环境的影响，引导学生关心科技发展，体会节约能源与可持续发展的重要性。在这部分内容的教学中，可突出对"科学态度与责任"素养的培养。

（二）教材分析

本单元的相关知识涉及物理课程标准三大一级主题中的"能量"部分，

其中内能属于二级主题，包括教材中的"内能"和"内能的利用"两部分的内容。教材首先引导学生学习分子动理论初步知识，并进一步用物质微观结构的知识解释部分宏观现象，为从分子结构观点理解物体内能的本质做铺垫；其次引导学生得出内能的概念，并且在此基础上进一步探究了内能的改变；再次从内能的改变引入热量的概念，通过探究不同物质的吸热能力，从中引出比热容的概念，接着理论联系实际，推导出热量的计算公式；最后通过热机、热机效率学习将内能应用到生活生产中去，从而体现出能量守恒的观点。

（三）单元知识结构及教学主线

本单元专题一是"内能"，专题二是"内能的利用"。这样的教学安排，便于让学生通过宏观现象推理微观机制，从而去认识新的能量——内能，然后密切结合日常生活实际，去认识比热容、热机、热机的效率，最后全面认识能量守恒定律，培养可持续发展的意识。本单元的知识体系如图 2 – 41：

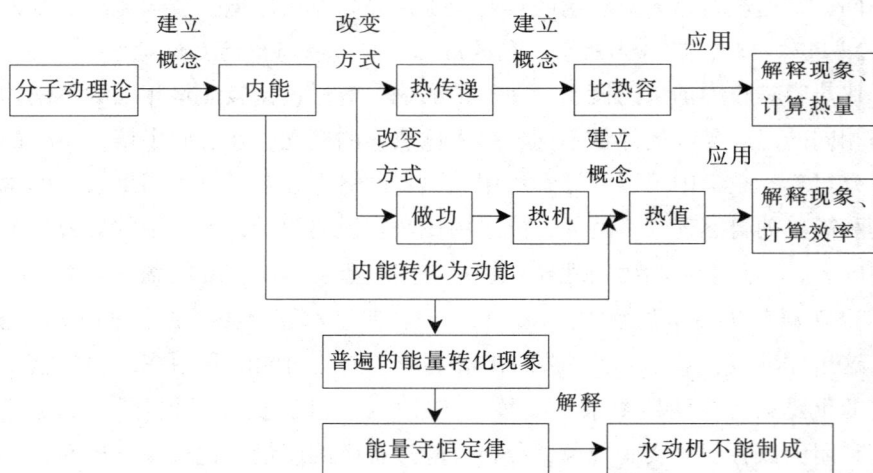

图 2 – 41

本单元围绕"内能"这一主题展开，整个单元的教学思路可以设计为这样一条主线（图 2 – 42）：

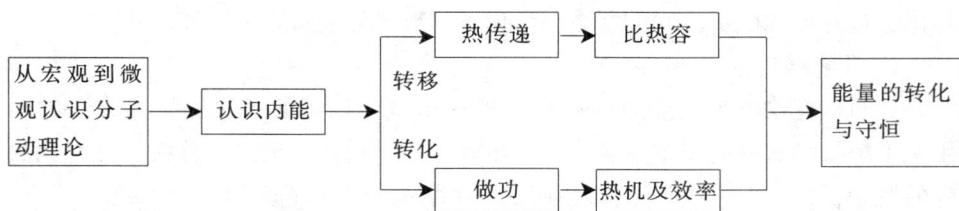

图 2 - 42

（四）学生学情分析

1. 经验及认知水平

学生已经学习了物体的三种状态——固态、液态、气态，为学习分子的热运动奠定了基础；学生对能量有了一定的知识基础和认识，在八年级学习过的机械能对认识内能及影响因素有一定的帮助；虽然是九年级的学生，但是对事物的认识依然处于由感性认识到理性认识的阶段，且感性认识占主导地位，尤其是对抽象事物的认识。

2. 素养基础

通过学习机械能及其转化，为学生研究内能提供了比较系统的科学研究方法；本单元的知识与生产生活十分贴近，学生学习的兴趣浓厚，探究欲望强烈；学生经过了八年级的学习，已经具备了自主学习、合作探究来主动获取知识的能力。

二、单元教学目标

（一）物理观念

认识分子热运动，知道分子热运动跟温度有关；了解什么是内能，知道温度是内能的标度；学会辨别改变内能的两种方式；知道比热容的概念及单位，会用热量公式进行简单计算；了解四冲程汽油机的工作原理；认识燃料的热值，从能量转化的角度认识热值的意义；通过能量的转化和转移认识热机的效率；能用能量守恒定律分析并解释生活中有关能量的转化与转移的物理现象。

（二）科学思维

通过探究性实验，理解比热容、热值的物理意义；通过实验演示内能可以做功，培养学生观察与分析问题的能力；经历探究性实验的过程，使学生发现与体会各种形式能量之间的联系，认识各种形式的能量可以相互转化。

1. 科学探究

经历探究物体吸热能力的过程，进一步体会控制变量法等研究方法的运用，了解科学探究的基本方法、基本步骤；通过观察、记录、分析，理解比热容的概念；经历探究过程，体会在探究活动中认识物理概念的重要性。

2. 科学态度与责任

利用探究性学习活动，培养学生的实践能力和创新精神，培养解决问题的能力；通过比热容的实际应用，认识理论与实际的密切联系；通过对能量的转化和守恒的学习，为建立科学的世界观和科学的思维方法打下基础；通过上网或阅览图书，让学生认识热机在生产生活中的应用，体会节约能源与可持续发展的重要性。

三、单元教学重难点

（一）教学重点

认识分子的热运动；探究改变物体内能的方法；比热容的概念和热量的有关计算；汽油机的工作原理及内能的转化过程；认识燃料的热值的物理意义及其相关计算；用能量守恒的观点分析物理现象。

（二）教学难点

通过直接感知的现象，推测无法直接感知的事实；内能与温度的关系；在发现问题、分析问题、解决问题的同时，体会成功的喜悦，激发探索科学的求知欲；汽油机的工作原理；热机中的能量转化及损失，了解热机效率；用能量守恒的观点分析物理现象。

四、单元概念层级划分（图2-43）

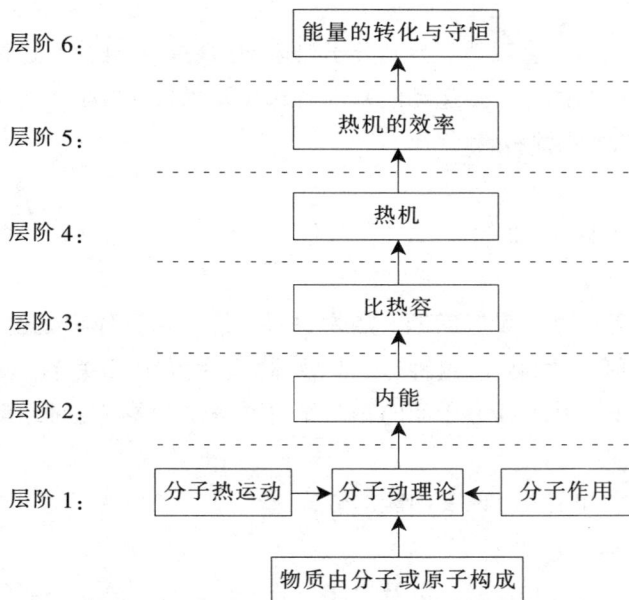

层阶6：　能量的转化与守恒

↑

层阶5：　热机的效率

↑

层阶4：　热机

↑

层阶3：　比热容

↑

层阶2：　内能

↑

层阶1：　分子热运动　→　分子动理论　←　分子作用

↑

物质由分子或原子构成

图2-43

五、规划单元教学内容及活动

（一）层阶1：分子动理论

1. 物理情境

教师准备一瓶桂花香水，喷洒在讲台附近，并提出问题：①是否能闻到某种气味？②香水喷洒在讲台附近，中排、后排的学生怎么也能闻到气味？③生活中似乎还有类似的现象？这些现象说明了什么？

2. 知识安排

分子动理论的基本观点、扩散现象、热运动。

3. 核心素养

通过气态、液态、固态物质扩散现象的观察实验，验证扩散现象的存在和分子热运动的随机性，初步理解实验设计时的科学性和严谨性，构建分子动理论。能够从物理学的角度认识物质，了解和掌握分子热运动的基本规律和特征，并能够使用这些规律和特征解释日常生活中的现象和问题。培养对科学探究的兴趣和热情，并能够理解科学技术对社会发展、人类进步的作用。形成对科学探究的实事求是的态度，以及对自然现象和科学规律的敬畏和尊重。

4. 学习方式

通过实验演示，直观地观察到分子热运动的现象和规律。通过烹饪等生活实例分析，将所学的分子热运动的基本概念和规律与日常生活实例相结合，理解和掌握分子动理论概念和规律。

（二）层阶2：内能

1. 物理情境

教师结合新旧知识设置问题，启发思考：①一切物体都是由分子组成的，那么分子是如何运动的？②这种运动与物体的温度有什么关系？③分子运动是否会带来热能的变化？④分子间的相互作用力是如何影响这种运动的？

2. 知识安排

内能的概念和定义，改变内能的方式。

3. 核心素养

了解内能的概念和定义，以及内能与分子热运动、分子势能、温度、相互作用力之间的关系，学会运用分子热运动的概念和规律，以及内能的概念和规律，来解释日常生活中的现象和问题，以形成能量的观点。通过实验来探究做功和内能变化之间的关系，学会根据现象、分析、解释、推理得出结论的科学研究的方法和过程，了解科学对社会和人类的意义和作用。

4. 学习方式

通过实验探究分子热运动和内能之间的关系、做功和内能变化之间的关系，以及热量传递的规律。教师通过演示和讲解来帮助学生更好地理解内能的概念和规律，以及相关的物理实验和现象。通过小组讨论分享来探讨内能与生活和生产的联系。

（三）层阶3：比热容（热传递）

1. 物理情境

播放与比热容相关的视频：炎炎夏日，在同样的日照条件下，沙子热得烫脚，海水却很清凉，为什么？不同物质吸收相同的热量后，升高的温度为什么不同？如何设计实验证明不同物质的吸热能力不同？

2. 知识安排

比热容概念、热量计算，利用比热容解释生活现象。

3. 核心素养

通过从生活情境中提出问题，抽象出物理问题，设计实验、进行实验、分析论证等步骤，让学生体验科学探究的过程，培养科学探究能力。在利用能量的转化和守恒定律的基础上，探究不同物质吸收热量，掌握科学的探究方法。通过定性分析了解物质的吸热特性，再定量分析对比不同物质吸收热量的多少，最后通过比值法定义比热容，理解比热容是物质的一种特性，与物质的质量、体积和温度无关。利用比热容相关知识解释生活现象，培养健康生活的意识和改善热岛效应等能力。

4. 学习方式

通过探究实验"不同物质的吸热本领"构建比热容的概念。通过类比法掌握比较吸热能力大小的方法。通过小组讨论、合作学习和相互交流，共同探讨比热容的应用和相关问题的解决方案。

（四）层阶4：热机（做功）

1. 物理情境

通过多媒体播放一段动画，展示热机从古到今的发展历程，从最早的蒸汽机到内燃机再到喷气发动机等。设置问题：热机在人类社会的发展中扮演着不可或缺的角色，它们在工作过程中是如何转化能量，从而实现做功的呢？

2. 知识安排

热机的能量转化、汽油机的工作过程。

3. 核心素养

通过演示实验的方式，了解热机工作过程中的能量转化过程，理解内能转化为机械能的过程，并能够分析热机的效率和应用。通过模型或动画，了解四冲程汽油机和柴油机的构造和工作原理，从而初步形成能量相关的物理观念；了解生活中各种常见的热机工作时的利弊，从而培养节约能源、保护环境的环保素养；了解我国在航空航天等方面取得的巨大成就，增强民族自信心。

4. 学习方式

通过演示实验了解热机工作时能量的转化过程。通过模型或动画了解四冲程汽油机的构造和工作过程。通过资料查阅等自主学习了解各种热机的燃料及效率。通过讨论交流了解热机在生活和生产中的应用及其对环境的影响。

（五）层阶5：热机的效率

1. 物理情境

通过多媒体播放一段动画，展示热机从古到今的发展历程，从最早的蒸汽机到内燃机再到喷气发动机等。设置问题：热机在人类社会的发展中扮演着不可或缺的角色，它们在工作过程中为什么要使用不同的燃料？

2. 知识安排

热值、燃料燃烧释放热量的计算、热机的效率、提高热机效率的方法。

3. 核心素养

通过对热机燃料不同问题的探索，能够运用科学思维方法分析热机的工作原理和能量转化过程，理解热机的效率和能量损失之间的关系，培养学生的比较、分类、归纳、演绎等科学思维方法，让学生掌握科学思维在解决实际问题中的应用，构建热值、热机效率的概念和意义，掌握提高热机效率的方法和实际应用，了解热机对环境的影响及提高热机效率的意义。培养学生求真、求实、创新的科学态度，让学生认识到提高热机效率对人类社会的积极影响和重要意义。培养学生的环保意识，让学生认识到热机的使用会对环境造成影响，应该采取有效措施降低污染和浪费，为可持续发展作出贡献。让学生了解科学技术对社会的影响，培养学生的社会责任感和科学素养。

4. 学习方式

通过查阅、整理资料了解各种热机使用的燃料、效率及相关领域的前沿技术和研究成果。通过类比机械效率的方式构建热机效率的概念、掌握提高效率的方法。通过制作和展示学习成果手抄报，增强自信心和学习兴趣，与其他同学分享自己的学习心得和体会。

（六）层阶6：能量的转化与守恒

1. 物理情境

播放一段动画展示能量的转化过程，如太阳能转化为电能、化学能转化为电能等，让学生感受到能量无处不在，并且一直在不断地转化。同时提出问题：什么是能量？能量的转化与守恒有什么规律？

2. 知识安排

能量转化、转移，能量守恒定律。

3. 核心素养

从大量的自然界实例中抽象出能量这一概念，并理解能量及其存在的形式。通过实例分析理解：能量既不会凭空消失，也不会凭空产生，它只会从一种形式转化为另一种形式，或者从一个物体转移到另一个物体，而在转化和转移的过程中，能的总量保持不变，从而构建能量守恒定律，丰富能量的物理观点。从"永动机"的探索中，了解基于证据进行科学推理的方法，从而批判性地看待能量的转化与守恒的观点。从不同角度思考问题，形成尊重事实、依据数据的科学态度。理解能量转化与守恒定律在日常生活和工业生产中的应用价值，能运用该定律解决实际问题。关心环境问题，能在实际生活中运用能量的转化与守恒的知识来减少能源浪费，实现能源的可持续利用。

4. 学习方式

通过实例分析理解能量转化的规律。通过阅读了解能源使用中的环境问题。通过讨论交流形成节能环保的意识。

六、教学评价

1. 设置实验推断气体分子是否做无规则运动。

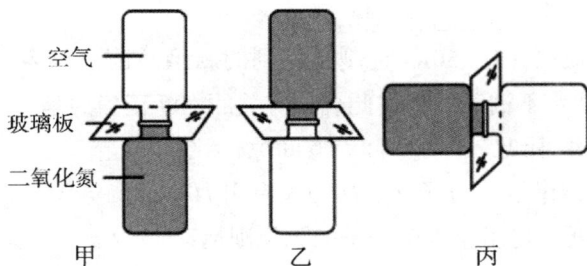

图 2 - 44

（1）对于图 2 - 44 中玻璃瓶的三种放置方法，你认为＿＿＿＿＿＿最合理。

（2）看到的现象是＿＿＿＿＿＿。这一现象说明了＿＿＿＿＿＿。

（3）我们用肉眼＿＿＿＿＿＿（选填"看不到"或"看得到"）分子的运动，但是可以通过＿＿＿＿＿＿现象来间接地认识，这是运用了物理学中的＿＿＿＿＿＿法。

（4）炒菜比腌菜能更快入味，说明温度越高，＿＿＿＿＿＿越剧烈。将

50mL 的水和 50mL 的酒精充分混合后，发现总体积小于 100mL，该现象说明
_____。

2. 图 2 - 45 所示是某物质在不同状态下的微观模型，请结合所学知识回答下列问题：

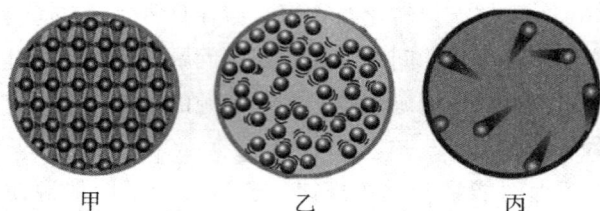

图 2 - 45

（1）图 2 - 45 甲、乙、丙分别表示该物质处于_____态、_____
_____态、_____态时的分子排列模型。

（2）物质状态从甲→乙→丙，分子间距依次变_____，分子间作用力依次变_____，该变化过程涉及的物态变化有_____和_____，均需要_____热量。

3. 在由微颗粒（1～50nm）制备得到的新型防菌"纳米纸"的表面，细菌无法停留且油水不沾。下列与此现象有关的判断正确的是（　　）。

A. 组成"纳米纸"的分子间没有间隙

B. 油与"纳米纸"分子间有斥力没有引力

C. "纳米纸"可阻止细菌分子的无规则运动

D. 油分子间的引力使纸面上的油汇集成小油珠

4.（1）图 2 - 46 甲中，铁丝弯折处温度升高，这是通过_____的方式改变了铁丝的内能，该过程发生了能量的_____（选填"转化"或"转移"）。

（2）图 2 - 46 乙是通过_____的方式改变了水的内能，该过程发生了能量的_____（选填"转化"或"转移"）。

（3）图 2 - 46 丙中瓶塞跳起来时，瓶内气体的内能_____（选填"增大""减小"或"不变"），这是通过_____的方式改变了气体的内能。

（4）图 2 - 46 丁中用力将活塞迅速向下压，结果棉花被压燃，这是因为

活塞对_____做功，使它的内能_____，温度_____，达到了棉花的燃点。压缩过程中_____能转化为_____能。

甲：反复弯折铁丝　　乙：用木材烧水　　丙：瓶塞跳起来　　丁：棉花燃烧起来

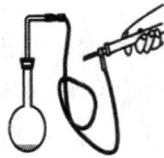

图 2 – 46

5. 关于热量、温度、内能之间的关系，下列说法中正确的是（　　）。

A. 物体的温度越高，含有的热量越多

B. 物体吸收热量，温度一定升高

C. 物体的温度升高，内能一定增大

D. 热量总是从内能大的物体传给内能小的物体

6. 2022 年 11 月 29 日，我国成功发射"神舟十五号"载人航天飞船。火箭升空时，会与大气层发生剧烈摩擦，其表面温度会升高，这是通过_____的方式改变了火箭的内能。为了防止火箭温度过高，在火箭表面涂上一种易熔化、汽化的特殊涂料，涂料熔化、汽化吸热使火箭的内能_____（选填"增大"或"减小"）。这是通过_____的方式改变火箭的内能。

7. 如图 2 – 47，在"探究物质的吸热能力"实验活动中，有以下实验器材：两个规格相同的电加热器、两个相同的烧杯、两支温度计、停表、适量的水和食用油。

水　　　　　食用油

图 2 – 47

（1）因无法直接测量水和食用油吸收的热量，小明选择两个规格相同的电加热器进行加热（目的是_____），通过_____（选填"升高的温度"或"加热时间的长短"）来反映物质吸收热量的多少。这里用到的物理研究方法是_____。

（2）在探究不同物质的吸热情况时，为了科学地比较水和食用油的吸热能力，小明选择如下方法：用相同规格的电加热器加热_____（选填"质量"或"体积"）相同的水和食用油，使它们升高相同的温度，通过比较_____来判断两种物质的吸热能力。这里运用的物理研究方法是_____。

（3）在设计实验时，发现还缺少一样测量仪器，该测量仪器是_____。补全器材后进行实验，记录的数据如下表，分析第1、2次实验数据可知，同种物质升高相同温度时，吸收的热量与物质的_____有关；分析第1、3次实验数据可知，质量相同的同种物质升高的温度不同时吸收的热量_____。

物质	次数	质量	升高的温度	加热的时间
水	1	0.1kg	10℃	2min
	2	0.2kg	10℃	4min
	3	0.1kg	20℃	4min
食用油	4	0.1kg	10℃	1min
	5	0.2kg	10℃	2min

（4）分析第1、4次或第2、5次实验数据可知：质量_____的水和食用油升高相同的温度，水吸收的热量_____（选填"大于"或"小于"）食用油吸收的热量，说明_____的吸热能力强。

（5）物理学中引入_____来表示不同物质在这种性质上的差异。

（6）通过大量的测量，测定一些物质的比热容如下表，结合数据分析，下列与比热容有关的说法正确的是（　　）。

物质	水	煤油	冰	铝	铜
比热容/［J/（kg·℃）］	4.2×10^3	2.1×10^3	2.1×10^3	0.88×10^3	0.39×10^3

A. 比热容的大小与物质的质量、吸放热多少及温度变化量有关

B. 不同物质的比热容一定不同

C. 质量相等的铝和铜吸收相同的热量后，铜升高的温度更多

D. 质量相等的水和煤油升高相同的温度，煤油吸收的热量更多

8. 图 2-48 为某物质熔化时温度随时间变化的图像，下列分析错误的是（　　）。

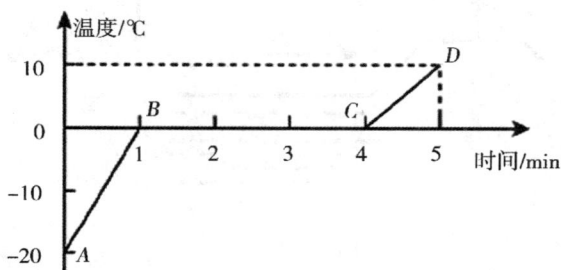

图 2-48

A. 该物质在 B、C 两点时的温度相同，内能不同

B. 该物质在不同状态下的比热容不同

C. 该物质在 AB 段吸收的热量比在 CD 段的大

D. 该物质在 AB 段的比热容比在 CD 段的小

9. 下列事例与"水的比热容大"有关的是（　　）。

A. 生物体内水的比例很高，免受温度骤变损害

B. 北方冬天室内供暖用水作为介质

C. 人中暑时，常在额头上擦冷水降温

D. 汽车发动机的冷却液主要成分是水

E. 在河流上建水电站，用水发电

F. 夏天在地上洒水会感到凉快

G. 晚上向秧田里放水，以防冻坏秧苗

H. 冬天，在菜窖放盆水防止蔬菜冻坏

10. 为缓解"热岛效应"，城市建造了大量水上公园以调节周围环境的温度。若湖水的质量为 5.0×10^5 t，水温平均升高 0.9 ℃，则湖水吸收的热量为 _____ J。若这些热量被等质量的沙石吸收，则沙石平均升高的温度为 _____ ℃。[$c_水 = 4.2 \times 10^3$ J/（kg·℃），$c_{沙石} = 0.9 \times 10^3$ J/（kg·℃）]。

在沿海城市，夏季时常有阵阵海风袭来，图 2 - 49 为海风形成的示意图，海风形成的根本原因是与海洋相比，陆地的比热容较_____，在相同日照条件下升温较_____（选填 "快" 或 "慢"），地面与海面上空的空气温度不同，从而形成对流。

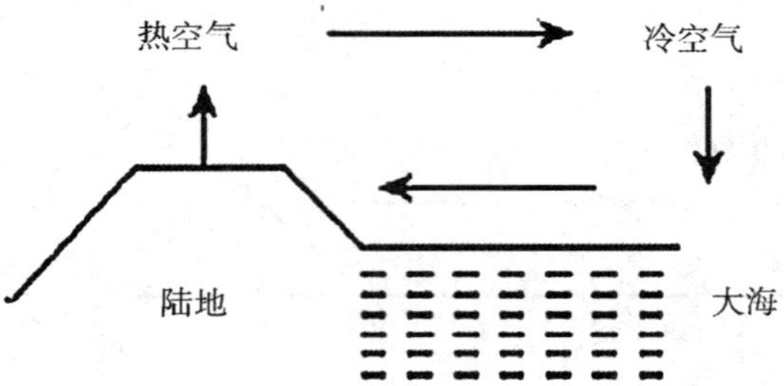

图 2 - 49

11. 近年来我国重大装备层出不穷，国人倍感自豪。下列装备的动力装置不是热机的是 （   ）。

A. 新能源电动汽车

B. "东风号" 远洋轮船

C. 国产大飞机 C919

D. "长征五号" 运载火箭

12. 图 2 - 50 是四冲程汽油机一个工作循环中的四个冲程，下列判断正确的是 （   ）。

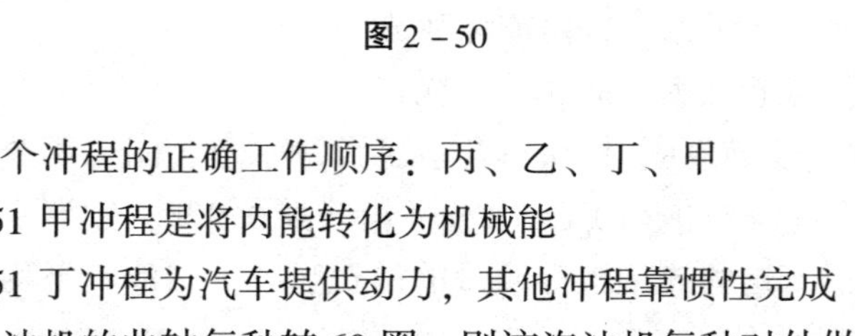

图 2 - 50

A. 图中四个冲程的正确工作顺序：丙、乙、丁、甲

B. 图 2 - 51 甲冲程是将内能转化为机械能

C. 图 2 - 51 丁冲程为汽车提供动力，其他冲程靠惯性完成

D. 若该汽油机的曲轴每秒转 60 圈，则该汽油机每秒对外做功 60 次

13. 关于热值，下列说法正确的是（　　　）。

A. 热值就是某种燃料完全燃烧放出的热量

B. 热值与燃料完全燃烧放出的热量成正比

C. 热值与燃料是否完全燃烧无关

D. 热值大的燃料燃烧放出的热量一定更多

E. 一罐氢气用去了一半，剩余氢气的热值不变

F. 酒精的热值为 $3 \times 10^7 J/kg$，表示 1kg 酒精燃烧一定可以放出 $3 \times 10^7 J$ 的热量

14. 2022 年北京冬奥会首次使用氢作为火炬燃料，最大限度减少碳排放，向世界展示了中国绿色低碳的发展理念。若火炬每小时消耗氢燃料约为 1.2m³，这些氢完全燃烧放出的热量为＿＿＿＿＿＿＿J。若这些热量由完全燃烧煤来提供，则需要消耗＿＿＿＿＿＿＿kg 煤。（$q_{氢} = 1.26 \times 10^7 J/m^3$，$q_{煤} = 3.0 \times 10^7 J/kg$）

15. 截至 2022 年，我国汽车的保有量已突破 3 亿辆，平均每辆汽车每年耗油约 1.6t。某辆汽车中汽油机的能量流向如图 2-51 所示，该汽油机的效率为＿＿＿＿＿＿＿，它表示有＿＿＿＿＿＿＿的＿＿＿＿＿＿＿能转化为有用的＿＿＿＿＿＿＿能。如果能把内燃机的效率提高 2%，我国每年可以节约＿＿＿＿＿＿＿kg 燃油，从而减少碳排放，为环保作出贡献。请你写出一个提高热机效率的方法：＿＿＿＿＿＿＿＿＿＿＿＿＿＿＿＿＿＿＿＿＿＿＿。（$q_{汽油} = 4.6 \times 10^7 J/kg$）为了节能环保，电动汽车都安装了能量回收装置，在汽车刹车时带动发电机，将汽车的＿＿＿＿＿＿＿能转化为电能，为汽车提供后续运动的能量。有人认为，只要不断改进，这种汽车就可以一边行驶，一边发电，永远运动下去，这种观念违背了＿＿＿＿＿＿＿。

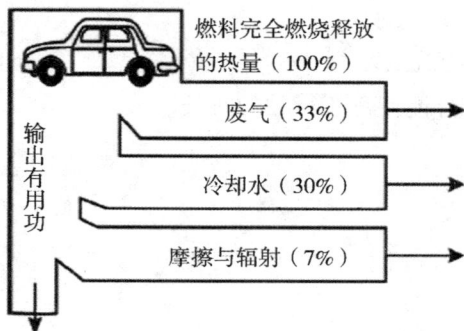

图 2-51

16. 关于热机效率，下列说法中正确的是（　　）。

A. 热机效率越高，有用功越多

B. 通过技术改进，热机的效率可以达到100%

C. 减少热量损失，可以提高热机效率

D. 热机的功率越大，热机效率越高

17. 图 2－52 是荡秋千的简化模型，摆球从 A 点由静止释放，到达 D 点后返回，摆球荡起的高度越来越低，这一过程摆球的_____能转化为内能，_____（选填"遵循"或"不遵循"）能量守恒定律。B、C 两点等高，则小球在 B 位置的速度_____（选填"大于""小于"或"等于"）在 C 位置的速度。

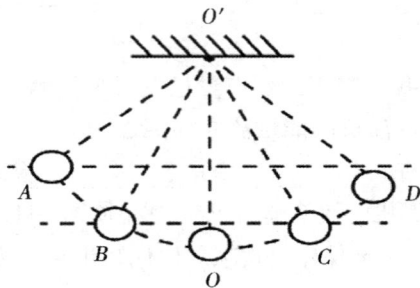

图 2－52

18. 目前，我国新能源汽车呈现多元化发展趋势，甲醇燃料因成本低、资源丰富等优点在新能源汽车上得到应用。现有一款甲醇汽车以 1×10^4 W 的功率匀速直线行驶，汽车的牵引力恒为 7.2×10^3 N，行驶 1km 消耗 1kg 甲醇（甲醇的热值为 2×10^7 J/kg）。求：

（1）汽车发动机的效率；

（2）消耗 5kg 甲醇能使汽车行驶的时长。

第六节 "电功率"大单元教学设计

一、单元教学整体规划分析

(一) 课标分析及解读

1. 从能量转化的角度认识电源和用电器的作用

课标解读：电源和用电器在日常生活中使用广泛，是能量转化的具体应用，可从能量转化的角度认识电源和用电器的作用。在教学实践中，可以让学生从能量转化角度分析生活中的实例。例如，定性说明电热水壶、电风扇等工作时能量转化的情况，电热水壶工作时是将电能转化为内能，电风扇工作时是将电能转化为机械能。电源是提供电能的装置，用电器是消耗电能的装置，它将电能转化为其他形式的能。教学理念上要突出物理观念、科学思维等核心素养。[选自《义务教育课程标准（2022 年版）课例式解读：初中物理》，第 35 页]

2. 结合实例，了解电功与电功率，知道用电器的额定功率和实际功率

课标解读：此条三级主题要求有两个方面——结合实例了解电功与电功率，知道用电器的额定功率与实际功率。电功与电功率的认知水平，从原来的"理解"变为"了解"。因此，在教学中不宜过分拔高认知难度。教师应多强调物理知识与生产生活的联系。例如：可以从能量转化角度列举实例，引入电功概念；可以通过让学生课下调查常见用电器的名牌、比较他们的电功率等活动，让学生进一步了解电功率的现实意义；可以通过比较同一灯泡接入额定电压时和接入小于额定电压时的亮度大小，让学生了解额定功率和实际功率的区别。教学理念上要突出体现物理观念、科学思维等核心素养的培养。[选自《义务教育课程标准（2022 年版）课例式解读：初中物理》，第 37 页]

3. 通过实验，了解焦耳定律，能用焦耳定律说明生产生活中的有关现象

课标解读：此条三级主题包括两点要求：通过实验了解焦耳定律；能用焦耳定律说明生产生活中的有关现象。教学实践中，教师要让学生了解焦耳定律的公式及各物理量之间的关系，并能进行简单的计算。通过实验探究焦耳定律，在实验过程中注重学生控制变量方法的应用和科学探究能力的培养。还要注意评价学生是否能应用焦耳定律解释生活中的一些常见现象。如教师可以提出导线与白炽灯串联在一起，通过他们的电流是一样的，为什么相同的时间内灯泡比导线更热等问题，加深学生对焦耳定律的认识。教学理念上突出科学探究和科学思维等核心素养的培养。［选自《义务教育课程标准（2022 年版）课例式解读：初中物理》，第 37 页］

（二）教材分析

"电功率"单元主要对应 2022 年版课标课程内容中一级主题"能量"下二级主题"电磁能"的部分内容。本单元是在学习了电学中的电路和一些基本物理量——电流、电压、电阻以及欧姆定律的基础上，把对电学的研究扩展到电能、电功率和焦耳定律等知识。本单元有两大特点：一是综合性强，要综合运用前面的欧姆定律、串并联电路知识，还会涉及一些能量转换问题，新概念多、公式多，计算量大，综合性强。二是与生活实际联系比较紧密，几乎每节课都是从实际问题引入新课，旨在引导学生认识能量，帮助学生初步形成能量观，发展综合分析问题和解决问题的能力。

（三）单元知识结构及教学主线

本单元以"电能"为核心概念，并拓展出以下三个方面内容：①基本概念（电功、电功率）；②测量计算（电能、电功率、电热）；③生活应用（焦耳定律）。各概念和规律等的具体脉络关系如图 2－53：

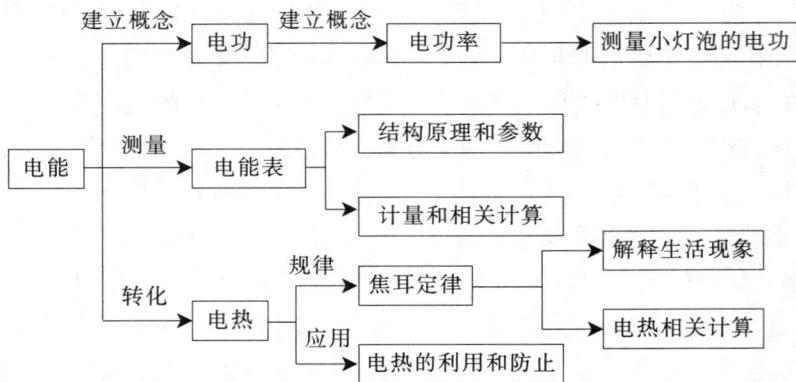

图 2－53

本单元从电能的来源入手，围绕功能关系这一教学主线展开。同时，对于电热、电功和电功率的计算公式适用范围的理解，仍然离不开对功能关系的深刻把握。教学主线如图 2 - 54：

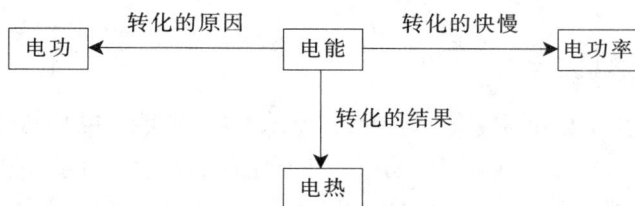

图 2 - 54

(四) 学生学情分析

1. 经验及认知水平

(1) 学生在日常生活及学习中对能量有一定的了解，对电能的来源和利用有一定的感性认识，对家里的电能表有粗浅的了解。

(2) 在八年级下册"功和机械能"的学习中，学生已经认识到能量的转化是因为力做功，进一步认识到电流做功的过程就是电能转化成其他形式的能的过程。学生对生活中能量转化的例子有了一定的认识。

(3) 学生在生活中的用电器上处处可见电功率，但对于电功率的概念描述完全陌生。学生在前面已经学习过电流、电压、电阻、电功等一些电学的基本概念，具有一定的构建电学概念物理量的能力。学生在最初学习物理时已经知道用比值定义法来定义运动的快慢（速度）等一些物理量，对于电功率概念的引出有较大的作用。

(4) 前阶段的实验中，学生知道灯泡的亮度有明暗之分是因为电路中的电流有强弱之分，会以为灯泡的亮度是由电流来决定的。

2. 素养基础

(1) 通过前面"伏安法测电阻"实验，能把简单的串并联电路连接起来，能使用电流表和电压表测量电路中的电流和用电器两端的电压。

(2) 学生对控制变量法的运用已有了一定认识，能初步运用控制变量法进行实验设计。具有初步的自学能力（从文本中获取直接信息能力）和小组合作探究的能力。

(3) 初中生缺乏从形象思维逐渐过渡到抽象思维的能力。因此，要善于主动引导学生运用在教学中已经掌握的基础知识，通过动手实验、理论分析和推理判断来获取新知识，从而培养抽象思维能力。

二、单元教学目标

（一）物理观念

通过列举生活中电能的能量转化的例子，认识电能、电功的概念，认识电能表及各种用电器名牌，认识电功率、焦耳定律的概念，并能用相关概念解释生活中的现象或解决生活中的问题，进一步形成能量观念。

（二）科学思维

利用机械功，类比引出电能转化为其他形式的能的过程是电流做功的过程。通过电流、电压和时间的变化推理电流做功的影响因素。通过小灯泡电功率的测量推理灯泡亮度的决定因素。通过将电热丝产生的热量转化成可观察的液面高度差来研究电热的影响因素。能够用科学的语言对实验结论进行归纳和概括。能够熟练运用公式解决实际问题。

1. 科学探究

能通过实验探究灯泡亮度及电热的影响因素，准确测量电灯泡的电功率，通过小组合作进行实验设计，收集数据，并对实验过程、测量结果进行合理解释。

2. 科学态度与责任

从功和能的角度认识电学现象的本质，认识电能在人类社会的进步与发展中的影响，培养节约能源、科学用电、共建节能型社会的意识。

三、单元教学重难点

（一）教学重点

知道电能的转化与计量；知道电功率的概念、测量与计算；能区分用电器的额定功率与实际功率；知道电流的热效应；知道电流产生的热与什么因素有关；能运用焦耳定律进行计算。

（二）教学难点

能列举生活中能的转化的例子；能正确认识电功率与电流、电压之间的关系；能通过实验加深对额定功率、焦耳定律的理解；能运用电功率、焦耳定律公式进行综合计算，解决实际的问题。

四、单元概念层级划分（图2-55）

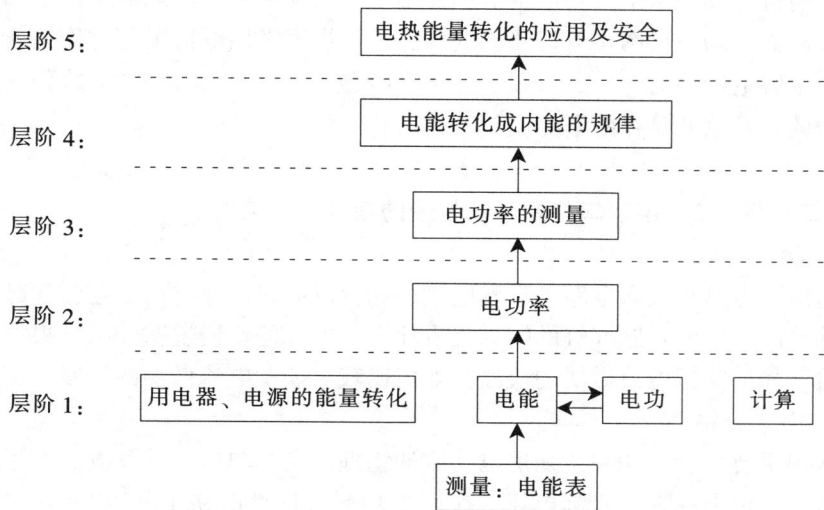

层阶5：　　　　　　　　　　电热能量转化的应用及安全

层阶4：　　　　　　　　　　电能转化成内能的规律

层阶3：　　　　　　　　　　电功率的测量

层阶2：　　　　　　　　　　电功率

层阶1：　　用电器、电源的能量转化　　电能　↔　电功　　　计算

　　　　　　　　　　　　　　测量：电能表

图2-55

五、规划单元教学内容及活动

（一）层阶1：电能、电功

1. 物理情境

展示课前收集整理的家里一年的电费清单并制作电费柱形图。分析可以获取哪些物理信息？汇报交流家里有哪些用电器？用这些电器工作时，能量发生了什么样的转化？消耗的这些电能又是由哪些电源提供的？能量是如何转化的？我们根据什么来确定电费的多少？在节约用电方面你有什么样的妙招？

2. 知识安排

从能量转换的角度认识电源和用电器；认识电能表的作用、各个参数的意义及电能表的读数方法；理解电能和电功的关系；计算电功及电源储存的电能。

3. 核心素养

通过收集整理电费清单等活动渗透"从生活走向物理"的理念；从电费

柱形图、电能消耗柱形图中学会用数学表征物理的思想方法；有数据分析的能力；通过列举各种家用电器的能量转化，抽象出用电器是消耗电能的装置，电源是提供电能的装置，构建各种能量间是相互转化的物理观念。

4. 学习方式

课前自主收集家里一年电费清单并制作电费柱形图、电能消耗柱形图，小组交流从清单和柱形图中可以获取的信息，了解家里用电情况，讨论如何节约用电。了解电能表的作用、参数的意义及读数方法。运用 $W = UIt$ 的公式计算电流做的功及电源储存的电能。

（二）层阶 2：电功率（从做功快慢的角度认识电能）

1. 物理情境

将演示电路板接入电路，观察电吹风和台灯同时工作时两个电能表脉冲灯闪烁的情况，思考：脉冲灯的闪烁代表什么？闪烁的快慢说明什么？根据做功的快慢，如何认识电流做功的快慢？如何比较、表示电流做功的快慢？

2. 知识安排

认识重要概念电功率，知道电功率的物理含义、单位、计算方法。了解额定电压、额定电功率、实际电压、实际电功率。计算电路中的电功、电功率、实际功率。

3. 核心素养

经历电功率概念的构建过程，了解类比法、比值法概念构建的方法，构建能量的物理观念。在探究和演示实验中，培养学生的观察能力、分析能力及安全用电的意识。

4. 学习方式

通过对演示实验的观察，分析了解电流做功有快慢的差异。通过类比的方法建立电功率的概念。通过推理论证了解伏安法测量小灯泡电功率的方法。在分组测量电功率实验及教师演示实验的基础上，感知用电器在不同电压下电功率的不同，以及用电器工作状态的不同。

（三）层阶 3：电功率的测量

1. 物理情境

观察用电高峰期灯泡的亮度和深夜时灯泡的亮度，思考灯泡的亮度与什么因素有关？该如何设计实验验证你的猜想？

2. 知识安排

伏安法测量小灯泡的电功率。

3. 核心素养

通过实验设计，掌握间接测量方法，经历收集数据，并对实验过程、测量结果进行合理解释等科学探究活动，培养学生的实验设计能力、证据意识、分析论证能力、因果解释能力和反思能力。

4. 学习方式

分组实验。

(四) 层阶4：电能转化成内能的规律

1. 物理情境

通过观看电饭锅、电风扇等用电器工作的图片，提出问题：用电器工作时能量如何转化？有什么相同的地方？不同用电器产生热量的多少为什么会不同？电能转化成内能的过程中，电流产生热量的多少与什么因素有关？

2. 知识安排

探究电流的热效应与哪些因素有关；焦耳定律；电热的利用和防止；热量的计算。

3. 核心素养

通过探究电流产生热量的多少与哪些因素有关，培养学生的科学探究能力，提升科学思维水平。阅读焦耳探索电流产生热量多少与什么因素有关的研究历程，了解物理研究方法，渗透严谨的科学精神。通过分析解释电热知识在生活中的运用，强化学生运用物理知识解决实际问题的能力，渗透"从物理走向社会"的理念。通过生活中常见的电风扇的工作情况，引出电功和电热的区别与联系。通过列举生活中电热有利和不利的活动，从功和能的角度认识电学现象的本质，认识电能在人类社会的进步与发展中产生的积极和消极的影响，培养保护环境、节约能源、促进可持续发展的意识，并对自己的生活习惯进行规范。

4. 学习方式

探究实验、阅读物理史。

(五) 层阶5：电热能量转化的应用及安全

1. 物理情境

通过图片观察电饭锅、电热水器、电吹风等多档位用电器的工作情况，结合生活体验思考电饭锅工作时有几个档位？不同档位产生热量的快慢相同吗？你觉得影响产生热量快慢的因素是什么？尝试用电路图分析你的观点。

2. 知识安排

多档位用电器电功率、电阻、电能及转换效率计算。

3. 核心素养

通过对生活中共性现象的分析发现研究问题，培养学生解决问题的能力，提升学生的思维水平。

4. 学习方式

自主探索。

六、教学评价

1. 人们的日常生活已离不开电能，通常是通过电池或发电装置来获得电能的。如景观照明灯，它"头顶"小风扇，"肩扛"光伏板，"腰挎"照明灯，"脚踩"蓄电池。小风扇利用风力发电，将_____能转化为电能；晴天光伏板将光能转化为_____能；夜晚蓄电池放电，将_____能转化为电能。

2. 图 2 - 56 是小明家的电能表 2 月底和 3 月底的示数。

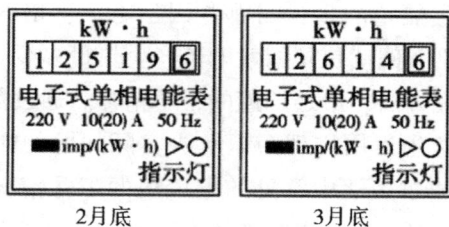

图 2 - 56

（1）小明家使用的电能表允许通过的最大电流为_____A。

（2）小明家 3 月消耗的电能应为_____kW · h。如果电价为 0.6元/（kW · h），则小明家 3 月应缴电费_____元。

（3）若观察到某段时间内电能表的指示灯闪烁了 250 次，电能表的示数变化了 0.1 kW · h，则该电能表中阴影部分看不清楚的数据应该是_____imp/（kW · h），该物理量的含义是_____

_____。

（4）若电能表的指示灯闪烁了 1 000 次，则电路中消耗的电能为_____kW · h，合_____J。

（5）若小明家某天消耗 4 度电，则该电能表的指示灯在这一天内闪烁了_____次。

3. 一蓝牙耳机内的微型充电电池上标有 "3.7V 520mA·h" 字样，则该电池充满电后储存的电能是_____J。若该蓝牙耳机的待机电流为 20mA，则该蓝牙耳机最长待机时间为_____h。

4. 关于电功、电能和电功率，下列说法正确的是（　　　　）。

A. 千瓦时是电功率的单位

B. 电功率是表示电流做功多少的物理量

C. 单位时间内电流做功越多，电功率就越大

D. 电功率的大小取决于用电器消耗电能的多少

5. 教室里有 6 盏日光灯，每盏日光灯正常工作 5min，消耗的电能是 12 000J，则每盏日光灯的电功率是_____W，该教室日光灯的总功率为_____W；如果该教室每天开灯的时间减少 1h，一天可以节约电能_____kW·h，这些电能可以让 1 台功率为 1kW 的空调正常工作_____min。

6. 如图 2 – 57 所示的电路中，电源电压为 3V，$R_1 = 5\Omega$，$R_2 = 10\Omega$。

（1）如图 2 – 57 甲，闭合开关 S，电路中的电流为_____A，R_1 的电功率 $P_1 = $_____W，$R_2$ 的电功率 $P_2 = $_____W，电路的总电功率 $P_{总} = $_____W。

（2）如图 2 – 57 乙，闭合开关 S，R_1 的电功率 $P_1' = $_____W，$R_2$ 的电功率 $P_2' = $_____W，干路电流为_____A，电路的总电功率 $P_{总}' = $_____W。

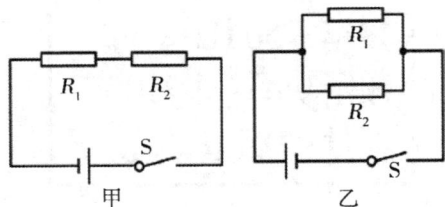

图 2 – 57

7. 将如图 2－58 所示的电灯接到 200V 的电压下工作（不计温度对灯丝电阻的影响），则：

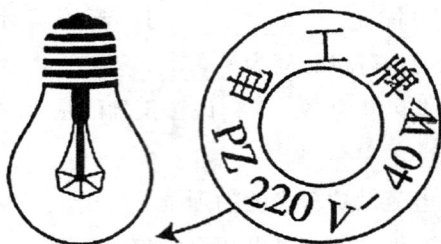

图 2－58

（1）电灯的实际电压是＿＿＿＿＿＿＿＿V，额定电压是＿＿＿＿＿＿＿V，额定功率是＿＿＿＿＿＿＿W。

（2）电灯的实际功率＿＿＿＿＿＿＿额定功率，其亮度＿＿＿＿＿＿＿正常工作时的亮度；通过电灯的实际电流＿＿＿＿＿＿＿额定电流（均选填"大于""小于"或"等于"，下同）。

（3）若将电灯接到 230V 的电压下工作，则它的实际功率＿＿＿＿＿＿＿40W，其亮度＿＿＿＿＿＿＿正常工作时的亮度。

（4）若将电灯接到 220V 的电压下工作，则它的实际功率＿＿＿＿＿40W。

8. 某品牌电热水壶的铭牌如图 2－59 所示。（电热丝电阻不变）

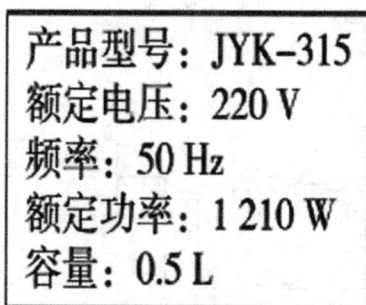

产品型号：JYK-315
额定电压：220 V
频率：50 Hz
额定功率：1 210 W
容量：0.5 L

图 2－59

（1）求电热水壶正常工作时的电流。
（2）求电热水壶电热丝的电阻。

（3）求电热水壶正常工作5min消耗的电能。

（4）如果电热水壶工作时两端的实际电压为200V，则电热水壶的实际功率是多少？

（5）某次电热水壶工作10min消耗电能4.86×10^5J，则此时电热水壶的实际功率是多少？此时实际电压是多少？

9. 在"测量小灯泡的电功率"实验中，所用器材如图2-60乙所示，已知小灯泡上标有"3.8V"字样，小灯泡正常发光时的电阻约为10Ω。

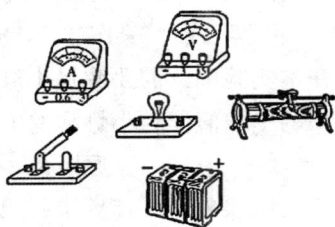

甲　　　　　　　　　　乙

图2-60

（1）请在图2-60甲的虚线框里设计出实验电路图，然后对照电路图连接图2-60乙中的实物电路。要求：向右移动滑片时小灯泡变暗。

（2）在连接电路时，若不小心把电流表与电压表的位置交换连接了，则闭合开关后会造成＿＿＿＿＿＿＿（填字母）。

A. 电流表烧坏　　B. 电压表烧坏　　C. 小灯泡烧坏　　D. 小灯泡不亮

（3）小聪正确连接电路，闭合开关后发现小灯泡不亮，电流表无示数，电压表示数接近电源电压，则故障原因可能是＿＿＿＿＿＿＿。

（4）排除故障后，移动滑动变阻器的滑片，记录的数据如下表，请将表头补充完整，并根据数据回答下列问题：

实验次数	1	2	3	4	5	6	7
电压 U/V	0.5	1	1.5	2	3	3.8	4.5
＿＿＿＿＿	0.16	0.2	0.22	0.25	0.28	0.3	0.32
＿＿＿＿＿							
发光情况	不发光	微光	暗	较亮	亮	明亮	强烈发光

①第 1 次实验小灯泡不发光的原因是＿＿＿＿＿＿＿＿＿。

②在本实验中，判断小灯泡是否正常发光的依据是＿＿＿＿＿＿＿＿＿＿

＿＿＿＿＿。通过上表数据，可计算出小灯泡的额定功率为＿＿＿＿＿＿＿ W。

③由表中数据还可得出结论：小灯泡的亮度与＿＿＿＿＿＿＿有关，＿＿＿＿

＿＿＿＿越大，小灯泡的亮度越＿＿＿＿＿＿＿。

④小马在和小聪一起进行实验时，根据第 2 次实验数据计算出小灯泡的电

阻 $R = \dfrac{U}{I} = \dfrac{1V}{0.2A} = 5\Omega$，再计算出小灯泡的额定功率 $P = \dfrac{U^2}{R} = \dfrac{(3.8V)^2}{5\Omega} =$

2.888W。请对小马的方法作出评价：小灯泡的额定功率＿＿＿＿＿＿＿＿（选填

"大于""小于"或"等于"）2.888W，理由是＿＿＿＿＿＿＿＿＿＿＿＿＿＿＿＿。

⑤在本实验中，需要测量小灯泡在不同电压下的电功率，能否将多次测量

的电功率的平均值作为小灯泡的电功率值？

答：＿＿＿＿＿＿＿＿，原因是＿＿＿＿＿＿＿＿＿＿＿＿＿＿＿＿＿＿。

⑥若电压表的 0～15V 量程已损坏，只能使用 0～3V 量程，其他器材不

变，如何测出小灯泡的额定功率？在虚线框中画出你设计的实验电路图。

10. 小宇在做"探究电流通过导体时产生热量的多少跟什么因素有关"的

实验时，设计了如图 2-61 所示的实验装置，两个透明容器中密封着等量的空

气，且都有一段电阻丝，U 形管中有一定量的液体。

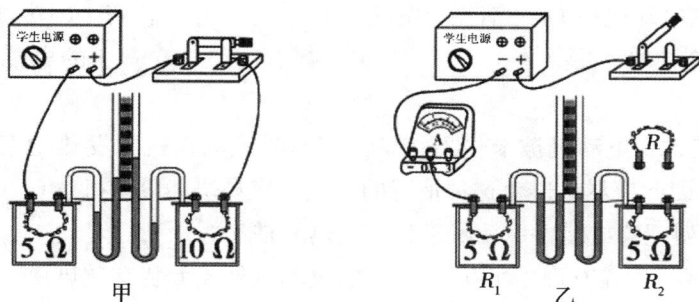

图 2 – 61

（1）实验过程中是通过观察_____来比较导体产生热量的多少，这里运用的探究方法是_____法。

（2）图 2 – 61 甲中的透明容器中密封着两段电阻丝，分别是 5Ω 和 10Ω，利用该装置可以探究电流通过导体产生的热量与_____的关系。通过分析图 2 – 61 甲中的实验现象可知，在电流和通电时间均相同的情况下，_____越大，产生的热量越多。

（3）小宇想利用图 2 – 61 乙所示装置探究电流通过导体产生的热量与电流的关系，请帮助他将电路图补充完整。图 2 – 61 乙中容器外的电阻 R 的作用是使通过 R_1 和 R_2 的_____不同，此处运用的研究方法是_____法。

（4）正确连接图 2 – 61 乙中的电路，闭合开关一段时间后，小宇发现左侧 U 形管液面高度差大于右侧 U 形管液面高度差，可以得出结论：_____

_____。

11. 电动机是一种使用广泛的动力机械。从能量转化的角度看，它主要是把电能转化为机械能，还有一部分能量在线圈中以热量的形式散失掉，其能流图如图 2 – 62 所示。现有一台电动机，其线圈电阻为 0.4Ω，当电动机两端电压为 220V 时，通过电动机线圈的电流为 50A。

图 2 – 62

（1）该电动机每1min消耗的电能是_____J，产生的热量是_____J，产热功率是_____W，有_____J的电能转化为机械能。

（2）若这台电动机被卡住不转了，则此时该电动机的发热功率是_____W，因此应尽量避免这种情况的发生，容易烧坏电动机。

12. 下列现象或装置中，属于利用电热的是（   ）。

A. 电视机后盖有许多小孔   B. 电动机外壳上装有散热片

C. 电热水器   D. 电熨斗

E. 电脑机箱里装有小风扇   F. 电饭锅

13. 某电加热器有加热和保温两个功能，图2－63甲是其工作原理图，S_1为总控开关，S_2为温控开关，R_1、R_2为电加热丝（阻值不变）。该电加热器的额定电压为220V，某次正常工作约30min，其电功率随时间而变化的图像如图2－63乙所示。求：

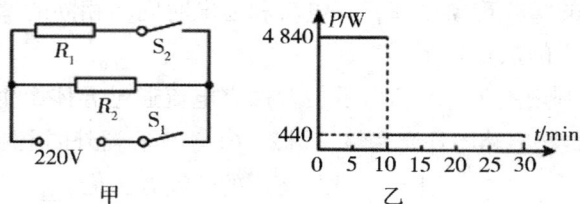

图2－63

（1）只闭合开关S_1时，电加热器处于_____状态；当开关S_1、S_2都闭合时，电加热器处于_____状态。

（2）该次工作电加热器消耗的电能。

（3）电热丝R_1的阻值。

14. 小明设计了一个用电压表的示数变化反映环境温度变化的电路，其电路原理如图2－64甲所示。其中电源电压恒定，定值电阻$R_0 = 20\Omega$，R_1是热敏电阻，其阻值随环境温度变化的关系如图2－64乙所示。闭合开关S，当环境温度为20℃时，电压表示数为2V，则：

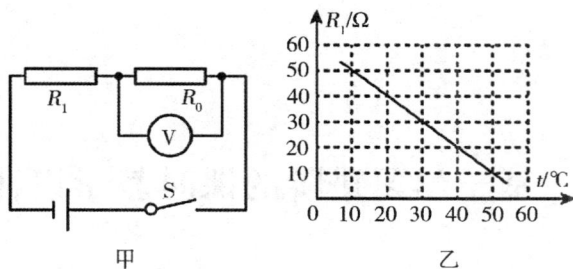

图 2 - 64

（1）此时热敏电阻 R_1 的阻值是＿＿＿＿＿＿＿＿Ω；

（2）电源电压是＿＿＿＿＿＿＿＿V；

（3）热敏电阻 R_1 的电功率是＿＿＿＿＿＿＿＿W；

（4）当环境温度升高时，电路的电功率＿＿＿＿＿＿＿＿（选填"变大""变小"或"不变"）。

15. 小明家新买了一个电热取暖器，其简化电路如图 2 - 65 甲所示，R_1、R_2 为发热电阻。已知 $R_1 = 55Ω$，图 2 - 65 乙是小明家电能表的表盘。

（1）小明将家中其他用电器关闭，只闭合开关 S_1，取暖器 1h 内消耗多少度电？

（2）上述过程中电能表的指示灯闪烁多少次？

（3）闭合开关 S_1、S_2，干路电流为 6A，则 R_2 的阻值为多少？10min 内电路消耗的电能为多少？

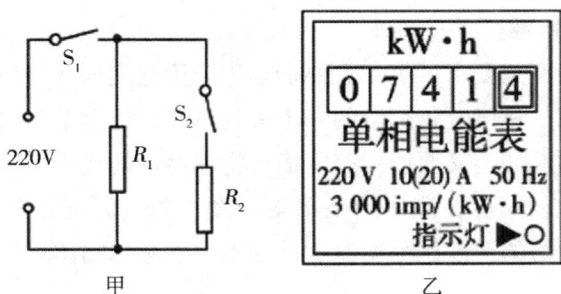

图 2 - 65

第三章　基于学习进阶的课时教学设计案例

第一节　"运动的快慢"教学设计

一、教材分析

（一）概念的层级位置（图 3-1）

图 3-1

（二）课程标准要求及解读

本条标准有两点要求。第一点要求学生能用速度描述物体运动的快慢，并能进行简单计算。速度是物理学的一个重要概念。通过学习，学生既要能定性判断物体运动的快慢，又要能用速度描述物体运动的快慢。第二点要求学生用实验测量物体运动速度，测量的是平均速度，测量原理要用到速度的计算公式。初中物理学习的速度是平均速度，并不要求考虑物体运动的瞬时速度。

二、学生学情分析

（一）学生前概念
第一，学生对速度并不陌生，在小学数学中已经了解了速度的计算，生活中一直在用速度比较运动的快慢，但对于速度的由来或者说定义并没有很深刻的理解。

第二，学生已经有了长度和时间的知识基础。

（二）学生实验技能基础
第一，刚开始学习物理的初中学生，缺乏定量研究自然现象的经验，对测量的重要性缺乏认知，使学生了解测量的必要性是这部分内容首要解决的问题。

第二，通过学习测量长度和时间，学生初步学会正确使用刻度尺及秒表。

（三）学生认知水平及习惯
第一，学生处于从形象思维向抽象思维发展阶段，需要从直观形象的现象出发通过思维加工实现概念的构建。

第二，缺乏运用数学工具处理问题的能力。速度是由两个物理量构成一个新的物理量。学生缺乏建立速度概念的思想方法。

三、教学目标

第一，经历速度概念的建立过程，能用速度描述物体的运动；

第二，能用速度公式进行简单的计算；

第三，知道匀速直线运动的概念；

第四，粗略研究变速直线运动，能用平均速度描述变速直线运动的快慢。

四、教学重难点

重点：如何用路程和时间两个物理量之比来定义物体的速度；匀速直线运动的描述与应用。

难点：通过生活中比较物体运动快慢的方法，逐渐明确当物体运动的路程和时间都不同时，可以用路程与实践的比值来描述物体运动的快慢。

五、单课时概念层级划分

水平1：知道物体的运动有快慢的差异。
水平2：知道速度是描述物体运动快慢的物理量。
水平3：知道速度的定义方法，并正确地进行速度单位换算。
水平4：能运用速度公式解决简单的问题。

六、教学设计

知识主线	教学活动	设计意图
1. 速度的概念	创设情境，引入新课 播放全运会男子100米决赛视频 想想议议 在比赛过程中，你是如何判断谁跑得快的？ （1）运动员跑完全程后，裁判员是怎样计算成绩的？你与裁判员所用的方法一样吗？为什么？ （2）运动员甲的100m跑成绩为17s，运动员乙的50m跑成绩为8s，要知道他俩谁跑得快，应该怎么办？ 师生共同归纳出比较快慢的方法： （1）相同时间内，通过路程远的运动得快。 （2）相同的路程，所用时间短的运动得快。 （3）时间、路程都不相同时，1s内通过路程远的运动得快。 知识总结 （1）物体在一段时间内通过的路程与通过这段路程所用时间的比叫速度。 （2）利用两个物理量的比值，可以定义一个新的物理量，这种方法叫比值定义法。	创设情境来引发学生思考生活中比较快慢的方法。让学生明白速度概念的必要性，建立速度的概念。

（续上表）

知识主线	教学活动	设计意图
1. 速度的概念	文本阅读：阅读教材完成导学问题 阅读教材第19、20页速度部分，尝试回答下列问题： （1）速度的定义是什么？ （2）速度的物理意义是什么？ （3）速度的公式怎么表示？ （4）速度的国际单位是什么？常用单位是什么？ （5）$1 \mathrm{m/s} = $ _____ $\mathrm{km/h}$。 （6）完成下列单位换算：$15 \mathrm{m/s} = $ _____ $\mathrm{km/h}$　$72 \mathrm{km/h} = $ _____ $\mathrm{m/s}$。 交流展示 让学生阅读小资料，了解一些物体运动的速度，并让学生进行单位换算的练习。 **一些物体的运动速度** 物体/速度表格见下	让学生领悟建立速度概念的方法——利用比值来定义物理量。

一些物体的运动速度

物体	速度/$(\mathrm{m \cdot s^{-1}})$	物体	速度/$(\mathrm{m \cdot s^{-1}})$
蜗牛	约 1.5×10^{-3}	上海磁浮列车	约 120
人（步行）	约 1.1	喷气式客机	约 250
自行车	约 5	超音速歼击机	约 700
高速公路上的小轿车	约 33	子弹（出膛时）	约 1 000
雨燕	约 48	同步卫星	3070

知识主线	教学活动	设计意图
2. 匀速直线运动	问题引入 在生活中，做机械运动的物体的运动情况相同吗？机械运动是怎样分类的？哪类运动是最简单的机械运动？ 实验设计 准备两辆不一样的遥控电动小车。用小车1（图3-2甲）演示匀速直线运动；用小车2（图3-2乙）演示加速直线运动。让学生观察并比较这两种运动情况的不同，从而知道匀速直线运动的特征。	

（续上表）

知识主线	教学活动	设计意图
2. 匀速直线运动	 图 3-2 分析总结 物体沿直线且速度不变的运动叫作匀速直线运动。匀速直线运动是最简单的机械运动。 进阶思考：匀速直线运动的图像 请根据表格数据画出 $s-t$ 和 $v-t$ 图像 表格 $s-t$图像：过原点的直线　　　$v-t$图像：平行于时间轴的直线 从图可知：两幅图物体运动的速度都是 $v=2\text{m/s}$ 思考：（1）请结合图像归纳匀速直线运动的特点。 　　　（2）物体运动的速度是否随路程的增加而增加？是否随时间的增加而减小？ 归纳：匀速直线运动的特点 ①运动的路径是直线。 ②速度保持不变，任意时刻的速度都相同。 ③路程的表达式：$s=vt$，即路程与时间成正比。 ④物体 v 由 s/t 决定，但与 s、t 的大小无关。	通过实验观察及教材图片分析，理解机械运动的分类，并理解匀速直线运动及变速运动。 通过描点作图的方法了解图像是表征物理规律的方法。能从图像中获取相应信息。

表格内容：

时间/s	1	2	3	4	⋯	时间 t/s	1	2	3	4	⋯
速度/（m·s⁻¹）	2	4	6	8	⋯	路程 s/m	2	4	6	8	⋯

（续上表）

知识主线	教学活动	设计意图
2. 匀速直线运动	若在相等的时间内通过的路程不相等，这样的运动就叫作变速直线运动。可以用公式计算出变速直线运动的物体的平均速度，用来描述物体运动的快慢。日常所说的速度，多数情况下指的是平均速度。 $$平均速度 = \frac{总路程}{总时间}$$	
3. 速度、路程、时间的计算	例题1 在某公交车站，一学生从电子站牌上看到一辆公交车需要 5min 行驶 2.5km 才能到达该站，由此他预测： （1）该车的速度是多少 km/h，合多少 m/s？（保留两位小数） （2）若该站到下一站的路程是 3km，公交车以相同的速度从该站行驶到下一站需要多长时间？ 例题2 小明一家驾车旅游，经过某交通标识牌时，小明注意到了牌上的标识，如图 3-3 所示。 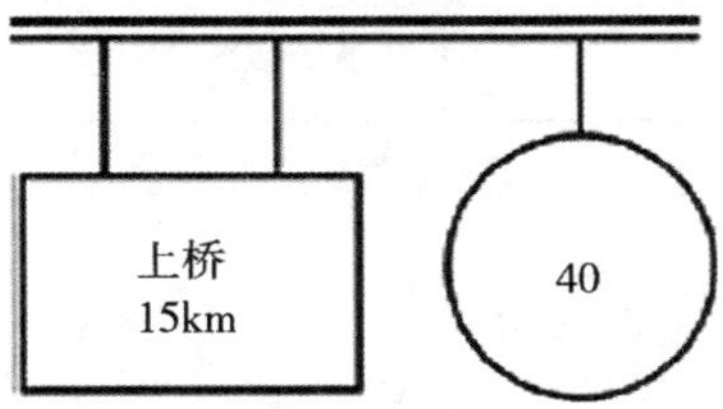 图 3-3 （1）标识牌上两个数字的含义，"15km"指＿＿＿＿＿＿＿；"40"指＿＿＿＿＿＿＿。 （2）若小明爸爸驾车通过这段路程用时 30min，则汽车的速度为多少？在遵守交通规则的前提下，试计算从标识牌到"上桥"最快需要几分钟？	通过练习过程养成先分析题意再规范解题的良好习惯。加深对速度概念的理解。

（续上表）

知识主线	教学活动	设计意图
3. 速度、路程、时间的计算	例题3 小明早上出门上学，先以 1m/s 的速度匀速步行 300s，找到共享单车开锁用了 100s，然后以 5m/s 的速度匀速骑行 10min 到达学校，则小明上学时： （1）路上一共用了多长时间？ （2）家离学校有多远？ （3）从家到学校的平均速度是多少？ 知识点拨：①用 $v=\dfrac{s}{t}$ 计算某段路程中的平均速度时，s 为对应的该段路程，t 为对应该段路程所用的总时间。②注意平均速度并不是速度的平均值。	
4. 巩固小结	通过本次课，学生已经对速度有了一定的认识，师生共同回顾。 （1）定义：在物理学中，把路程与时间之比叫作速度。 （2）物理意义：速度是表示物体运动快慢的物理量。 （3）速度的计算公式是＿＿＿＿＿＿＿。 （4）速度的国际单位是米/秒（m/s），常用单位是千米/时（km/h）。	

七、教学评价

（一）当堂检测

1. 关于速度，下列说法正确的是（　　）。

A. 物体运动路程越大，则速度越大

B. 速度大的物体，运动的时间一定短

C. 速度是表示物体运动快慢的物理量，运动快慢即时间长短

D. 速度是路程与时间的比值，在数值上等于单位时间内通过的路程

2. 小明家准备买新房，他看到某开发商的广告称：乘车从新楼盘到一家大型商场的时间只需 10min。据此你认为从新楼盘到该大型商场的路程比较接近于（　　）。

　　A. 200m　　　　B. 1 000m　　　　C. 6 000m　　　　D. 20 000m

3. 小阳一家双休日驾车外出郊游时，小阳观察了一下速度及里程表盘如图 3 –4 所示，此时汽车的行驶速度为＿＿＿＿＿＿；如果汽车一直以该速度行驶半个小时，则行驶的路程是＿＿＿＿＿＿，里程表盘的示数变为＿＿＿＿＿＿km。

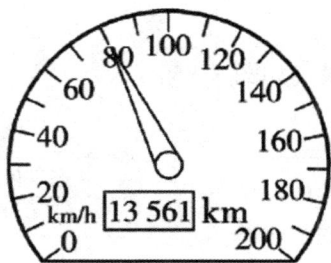

图 3 –4

（二）课后作业

查找资料：查阅列车时刻表，并根据列车时刻表计算两个车站间的平均速度。找出列车在哪个路段运行得最快？在哪个路段运行得最慢？

八、教学反思

速度的概念是本节的核心知识。教材用较多的篇幅科学、规范地引入速度的概念。教材首先设计了一个"想想议议"栏目，让学生自己比较物体运动的快慢，接着提出了比较快慢的两种方法：一是"时间相同，比路程"；二是"路程相同，比时间"。最重要的是第三步：如果两个物体运动的路程和运动的时间都不相同，如何比较它们运动的快慢？让学生展开充分的讨论：要比较它们运动的快慢，我们可以设法让它们运动的时间（或路程）相等，然后再进行比较。如果让它们运动的时间都统一到"单位时间"上来，也就是用路程除以时间，它们的比值就表示物体在单位时间内通过的路程，这样就可以很方便地比较两个物体运动的快慢，从而建立速度的概念。通过这样的学习过程，不仅可以让学生了解速度的概念，同时也提高了运用数学工具处理问题的能力，更重要的是让学生领悟了建立速度概念的思想方法。速度是由两个物理量构成的一个新的物理量，学生在以后的学习中还将学到很多由两个或两个以上物理量来定义的新物理量。

第二节　"温度"教学设计

一、教材分析

（一）概念的层级位置（如图 3 – 5）

图 3 – 5

（二）课程标准要求及解读

了解液体温度计的工作原理，会用常见温度计测量温度，能说出生活环境中常见的温度值，尝试对环境温度问题发表自己的见解。

这条标准分为四点。

第一点是"了解液体温度计的工作原理"，首先要求学生建立"温度"这一概念，再通过认识液体温度计，知道温度计的功能，进而了解液体温度计的工作原理。对于液体温度计的工作原理，教师要全面介绍和分析温度计的构造特点、内部液体特点、刻度线及摄氏温标等知识点，才能使学生真正了解温度计，帮助学生形成对温度计的结构化认识，而不是记住"热胀冷缩"这个结论性知识点。

第二点是"会用常见温度计测量温度"，是对学生基本技能的要求，属独立操作水平。"会用"是指能正确使用，独立操作，这里包括正确认识"量程""最小分度值"，正确"估测""读数"等。常见温度计包括实验室常用液体温度计、液体体温表、电子体温表等。对于实验室常用液体温度计、液体体温表，要求学生除了解温度计的使用方法、测量范围并能正确操作外，还应能判断哪些是错误的操作，如不能将温度计放在火焰上测其温度，不能让温度计玻璃泡触碰非测试对象等。这一点虽是属于基本技能要求，但又不能仅限于技能的机械训练，要作适度深入，如为什么读液体温度计时视线要与液面平齐并与温度计垂直，为什么液体体温表设计成三棱柱的形状等。

第三点是"能说出生活环境中常见的温度值"。其中"能说出"是要求学生通过对温度的感知和温度值的表达，对冷热程度从感性认知上升到理性表达，具有较准确判断日常生活环境（或具体物体）的温度的基本能力，这也是基本常识方面的要求。例如，学生应知道人体的正常体温范围、最舒适的气温、开水的大约温度、常温值等。

第四点是"尝试对环境温度问题发表自己的见解"。讨论"环境温度问题"，就是引导学生关注人类环境保护，培养学生的社会责任感，落实科学态度与责任素养的培养。教师要善于创设不同的教学情境、运用不同的教学方式，组织学生开展讨论，以较好地培养学生的主动参与意识和思辨能力。把握好教学契机，适时实施适宜的教学活动，是教师应具备的基本素养。"发表自己的见解"要求教师通过创新教学方式，组织学生通过口头表达或书面表达的方式，发表对环境温度问题的见解，为培养学生的思辨能力、表达能力（语言、文字表达）、科学思维等创造契机。

二、学生学情分析

（一）学生前概念
学生在生活中已经能感知到物体有冷热之分，温度计是测量温度高低的仪器，能用红外线温度计、水银体温计测量人的温度。但没有上升到系统认识层面，温度计的使用也不够规范和严谨。

学生能根据在小学科学课上学过的内容和日常生活经验，说出一些具体的温度数据。学生能对具体的温度高低有一定的感性认识。

（二）学生实验技能基础
学生在日常生活中会用红外线温度计测量人体的温度，但不能正确使用常见温度计测量气体或液体的温度。其中包括要会观察常见的温度计，了解它们的使用方法和测量范围，知道温度计要与待测物体充分接触。读取数据时温度计一般不能离开被测物体，且视线与温度计垂直。

（三）学生认知水平及习惯
学生已经具备了一定的认知能力并养成了良好的学习习惯。他们的认知能力逐渐提高，能够更好地理解和分析问题，并具备一定的逻辑思维能力。一些良好的学习习惯，例如主动预习和复习、积极参与课堂讨论、独立思考问题、认真完成作业等，能够帮助他们在学习上取得更好的成绩。同时，学生也开始培养自己的自主学习能力，如自我规划学习时间、寻找学习资源、自我检测学习效果等。

三、教学目标

第一，通过感知知道温度是表示物体冷热程度的物理量。

第二，通过观察和实验，了解温度计的结构与工作原理及摄氏温度的规定方法。

第三，通过测量水的温度学会使用液体温度计测量温度。

第四，了解一些生活环境中常见的温度值，感受物理与生活的紧密联系。

第五，通过测量体温的活动，认识体温计构造及使用方法，了解不同温度计的原理。

四、教学重难点

重点：了解生活环境中常见的温度值，理解温度的概念，感知不同物体的温度；掌握温度计的使用方法和注意事项，会用温度计测量物体的温度。

难点：学会正确使用温度计测量液体的温度和记录数据。

五、单课时概念层级划分

水平1：了解物体有冷热之分，热代表温度高，冷代表温度低。

水平2：知道温度是表示物体冷热程度的物理量。

水平3：知道液体温度计是液体热胀冷缩的性质制成的，会使用温度计测量温度。

水平4：了解生活中常见的温度值，能对环境温度的变化发表自己的见解。

六、教学设计

知识主线	教学活动	设计意图
1. 感受温度	创设情境，引入新课 利用多媒体展示有关"全球变暖"资料，播放相关的影片和录像。教师提问：你知道这些是什么现象吗？为什么会产生该现象？ 活动1：冷热的感知 结合生活经验说说你所知道的冷和热。 我们用什么来表示物体的冷热程度？ 归纳：温度表示物体冷热程度的物理量，用符号 t 表示。 活动2：感受水的冷热 学生感受冷水、温水和热水的冷热程度（图3-6）。  图3-6 将左右两手的中指分别插入热水和冷水中停留1分钟，再把这两根手指同时插进温水中，两根手指感知温水的冷热程度。 发现：单凭感觉判断物体的冷热程度是不可靠的，必须使用准确的测量仪器来测量。	通过资料引起对环境温度的关注。 从"冷、凉、温、热、烫"等学生的回答中理解温度的概念。 通过感觉不能准确判断温度高低，从而认识到指定测量工具——温度计的必要性。

（续上表）

知识主线	教学活动	设计意图
2. 认识温度计	活动 3：用自制温度计测量温度 观看视频：将自制的温度计模型先后放入热水中，再放入冷水中，描述所观察到的现象（图 3 − 7）。 思考 （1）自制仪器比较温度高低的原理是什么？ （2）如何通过自制仪器比较温度的高低？ （3）如何准确测量出液体的温度？ 图 3 − 7 温度计原理：液体温度计是利用液体热胀冷缩的性质来测量温度的。根据液柱的长短表示温度的高低，这种方法在物理中称为转换法。 活动 4：阅读教材第 48 页及观察实验室温度计的结构、量程、分度值 （1）摄氏温标的单位和符号是什么？ （2）摄氏温标的制定方法是什么？ （3）根据摄氏温标的制定方法能否自制一个实验室温度计？ 摄氏温标：摄氏温标的单位名称是摄氏度，符号是℃。实验室温度计的制作是把自制的温度计放入标准大气压下的冰水混合物中，液面下降，待稳定后，标记液面位置为 0℃；（点）再把温度计放入标准大气压下沸水中，液面上升，待稳定后，标记示数位置，为 100℃。摄尔修斯就把 0℃ ~ 100℃ 平均分成 100 等份，每一份就是 1℃。	通过思考自制温度计的测量原理，怎样用自制温度计测量温度等一系列问题，帮助学生理解温度计的原理。

（续上表）

知识主线	教学活动	设计意图
2. 认识温度计	练习：温度计的读数（图 3 – 8） 图 3 – 8 介绍生活中常见的温度 人体舒适的温度：_____ 冬天洗澡水的温度：_____ 我国最高气温：_____ 我国最低气温：_____ 三个烧杯中热水的温度：_____	
3. 使用温度计	活动 5：使用温度计测量液体温度 （1）了解正确使用温度计方法（阅读教材第 84 页）。 （2）用液体温度计测量热水的温度。 请学生互相评价测量操作的正误。 温馨提示 （1）温度计是易碎物品，注意轻拿轻放。 （2）记录测量结果水的温度_____℃。 通过学生活动及演示总结：正确使用温度计方法（阅读教材第 84 页） 选：估计待测液体的温度，选择量程和分度值合适的温度计。 放：温度计的玻璃泡要完全浸没在液体中，碰到容器底和容器壁。 读：温度计浸入被测液体后要稍候一会儿，待温度计的示数稳定后再读数；读数时温度计的玻璃泡要继续留在液体中，视线要与温度计内的液柱的上表面相平（图 3 – 9）。	通过实验用温度计测量水的温度，让学生自己动手使用温度计，掌握温度计的使用方法。

（续上表）

知识主线	教学活动	设计意图
3. 使用温度计	记：记录所测结果，写上单位。 图3-9 我们能不能用实验室温度计测量我们的体温呢？为什么？ 活动6：使用体温计测量体温 （1）观察体温计与实验室温度计的区别。 （2）交流体温计的使用方法。 （3）测量人体体温_____℃。 （4）红外线温度计测量温度。 思考：为什么测量结果不一样？还有哪些温度计？测温的原理是什么？	
4. 巩固小结	感受温度：物体的冷热程度。 认识温度计：（1）制成原理。 　　　　　　（2）摄氏温度的划分。 使用温度计：选、放、读、记。 了解体温计：量程、使用。	

	体温计	实验室温度计
量程		
分度值		
构造		

七、教学评价

（一）当堂检测

1. 以下说法中，正确的是（　　　）。

A. 经过测量，一杯冰水混合物的温度恰好为0℃，说明它没有温度

B. 实验室常用温度计是利用液体热胀冷缩性质来工作的

C. 温度计上的刻度距离0℃越远，其温度值越高

D. 0℃的冰冷藏食物比0℃的水效果好，说明0℃的冰温度比0℃的水温度低

2. 如图3－10甲所示，用温度计测量液体的温度，下列哪种操作是正确的_____，测出的读数如图3－10乙所示，则液体温度为_____℃。

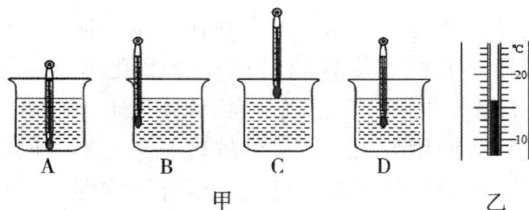

图 3 – 10

3. 如图3－11所示，甲是体温计，乙是实验室温度计，它们都是利用液体_____的性质制成的。可用来测沸水温度的是_____；体温计可以离开被测物体来读数，是因为体温计上有个_____。

图 3 – 11

4. 不同物质在升高同样温度时，膨胀的多少是不同的。如果把铜片和铁片铆在一起，当温度变化时这样的双金属片就会弯曲。怎样用它制成温度计？请画出设计草图。

（二）课后作业

1. 基础性作业：完成学生资源中的作业练习。

2. 拓展性作业：结合教材和网上资料。

（1）了解体温计的进化和种类。

（2）了解热力学温标和华氏温标。

八、教学反思

在知识结构的安排上，本节首先介绍了温度和温度计的使用方法。作为热学的基本测量工具，温度计在本节的各个实验中是不可或缺的。为了帮助学生知道温度的知识和学会使用温度计，首先引导学生认识到仅仅通过感觉是不能准确判断温度的高低的，从而认识到制定测量工具——温度计的必要性。这样设计正是为了向学生展示科学研究的一般程序：要想进行定量科学研究，必须首先确定测量工具。随后通过让学生思考自制温度计的测温原理、怎样用自制温度计测量温度等一系列问题，帮助学生理解温度计的原理。在此基础上，进一步引入了摄氏温度的概念，并结合小资料让学生了解一些生活环境中常见的温度值。最后，在简单介绍温度计的量程和分度值的基础上，通过实验"用温度计测量水的温度"，让学生自己动手使用温度计。在使用的过程中总结注意事项，掌握温度计的使用方法。这样的处理思路，不仅回答了为什么要使用温度计、温度计是怎样制作的和怎样使用温度计等问题，而且由于展现了物理知识之间的逻辑性，可以更好地帮助学生理解概念、掌握技能。

第三节　"光的反射"教学设计

一、教材分析

（一）概念的层级位置（图 3 – 12）

层级3：主要核心概念	→	光的反射规律
层级2：重要概念	→	光的反射
层级1：基本概念	→	入射光线、反射光线、法线、入射角、反射角

图 3 – 12

（二）课程标准要求及解读

探究并了解光的反射定律，通过实验了解光的折射现象及其特点。

课程标准要求解读：

本条标准有两点要求。第一点要求学生通过实验探究了解光的反射定律。例如，通过光束射在平面镜上反射的现象，直观地认识入射光线、反射光线、法线的位置关系，定量探究光的反射定律。[选自《义务教育课程标准（2022年版）课例式解读：初中物理》，第89页]

二、学生学情分析

（一）学生前概念

通过"光的直线传播"的学习，学生了解到光在同一均匀介质中沿直线传播。知道光会反射，但因为日常生活中光路是看不到的，对在两种介质的界面上会发生什么现象缺少感性认识和理性分析。

光在水、玻璃中也是沿直线传播的。空气、水和玻璃等透明物质可以作为光传播的介质，光在同种均匀介质中沿直线传播。

（二）学生实验技能基础

"光的直线传播"的探究活动以定性观察为主，帮助学生了解让光线显现的方法，知道如何安全地使用激光笔；会通过对现象的观察提出相关的问题或者归纳出结论。

（三）学生认知水平及习惯

学生处于从定性观察向定量测量和收集数据的科学思维发展的阶段，需要理解实验原理、了解实验步骤、具有操作实验仪器的基本技能，还要有严谨的科学态度和实事求是的科学精神，具有初步的观察实验能力和小组合作探究的能力。

三、教学目标

第一，通过演示实验了解到光的反射现象，认识到反射在生活中处处可见。

第二，通过实验探究认识光的反射的规律，了解反射现象中光路的可逆性。

第三，通过身边的事例和实验现象，能区分镜面反射和漫反射。

四、教学重难点

重点：光的反射定律。

难点：在探究规律的过程中理解引入"法线"的必要性；如何在空间上描述反射管线的位置特点。

五、单课时概念层级划分

水平 1：了解光的反射现象，能识别入射光线、入射点、法线、入射角、反射光线、反射角。

水平 2：能制订初步的实验方案，获得比较全面的探究活动体验，总结出光的反射定律。

水平 3：知道在光的反射现象中，光路是可逆的。

水平 4：知道光的反射有镜面反射和漫反射两种，能进行辨别，并能解释它们的应用。

水平 5：会根据光的反射定律画出光的反射光路图，了解光的反射定律在生活中的应用。

六、教学设计

知识主线	教学活动	设计意图
1. 生活中的光的反射现象	创设情境，引入新课 观看短视频：多彩的自然风景 教师提问：同学们知道这些是什么现象吗？ 知识总结：光射到物体表面上时，有一部分光会被物体表面反射回来，这种现象叫作光的反射。 活动 1：了解光的反射	通过自然风景的展示让学生感受光的反射现象的魅力，

（续上表）

知识主线	教学活动	设计意图
1. 生活中的光的反射现象	【演示实验】 让一束绿色的激光射向平面镜，光发生了反射。当入射光位置改变时，我们看到反射光的位置也随之改变，反射光与入射光一一对应。 活动2：画光的反射的光路图（图3-13） 教师提问：能否将你看到的现象，用光路图的形式画在笔记本上。 知识总结：平面镜为反射面，光线 EO 为入射光线，入射光与反射光的交点为入射点 O，光线 OF 为反射光线。 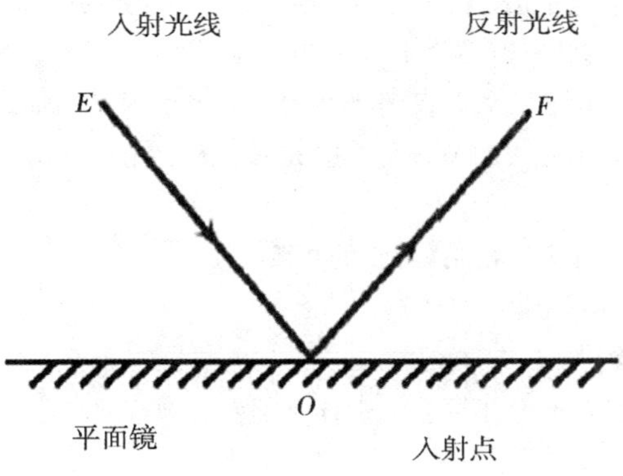 入射光线　　　　　　　反射光线 E　　　　　　　　　　F 平面镜　　　　O　　　入射点 图3-13	激发其学习兴趣。通过实验让学生进一步了解光的反射现象。
2. 光的反射定律	活动3：探究反射光和入射光面的关系 教师提问：反射光与入射光的位置满足什么关系？ 【演示实验】 用绿色激光射向平面镜，多角度观察光路，发现反射光把入射光挡住了，这说明反射光和入射光在同一平面内。 教师提问：换一个角度入射，是不是还这样？ 【演示实验】 用红色激光在另一个角度入射，依然发现反射光和入射光在同一平面内。	多角度观察光路，让学生知道反射光和入射光在同一平面内。

（续上表）

知识主线	教学活动	设计意图
2. 光的反射定律	知识总结：反射光线、入射光线、法线的关系是反射光线、入射光线、法线在同一平面内。 活动4：探究反射光和入射光线的关系 【演示实验】 用一个纸板模拟第一束绿光的反射光所在平面，用另一个纸板模拟第二束红光的反射光所在平面，并且多角度观察，发现反射光所在平面与镜面垂直。 知识总结：无论入射光沿什么方向入射，只要入射点相同，所有的反射光与入射光所在的面都有一条公共的边。 教师提问：这个边有什么特点? 知识总结：这个边过入射点与反射面垂直，这条线叫作法线。 教师提问：请同学在光路图中补出法线。 知识总结：由于法线是反射光线和入射光线的对称轴，所以反射光线、入射光线的关系是反射光线、入射光线分别位于法线两侧。 活动5：探究反射角和入射角的关系 实验器材：激光笔、量角器、平面镜 【学生实验】 让一束绿色激光从不同角度射向平面镜，观察并记录反射角的度数。 | 入射角				
---	---	---	---	---
反射角				| 知识总结：在反射现象中，反射光线、入射光线和法线都在同一平面内；反射光线、入射光线分别位于法线两侧；反射角等于入射角。	建立模型让学生了解法线的意义。 通过实验探究两角的数量关系，培养学生动手及归纳推理能力。

（续上表）

知识主线	教学活动	设计意图
	活动6：在图3-14中画出反射光线，并标出反射角的大小 图3-14	通过光的反射定律的运用，让学生经历理论推导过程，初步得出光路可逆的猜想。
3. 光路的可逆性	教师提问：如果入射光逆着原来反射光射到镜面，它的反射光会与原来的入射光重合吗？ 学生活动预设：根据反射规律，反射光与原来的入射光重合。 活动7：验证光路的可逆性 【演示实验】 让一束红色的激光逆着原来反射光射到镜面，我们发现反射光线逆着原来入射光线射出。 知识总结：在光的反射定律中，光路是可逆的。 活动8：了解生活中光路的可逆性的现象 【学生活动】 如果你在一块平面镜中看到一位同学的眼睛，那么这位同学也一定会通过这面镜子看到你的眼睛。	通过实验验证学生猜想，培养学生的实证意识和能力。 理论—实验—生活使学生进一步理解光路的可逆性。
4. 光的反射类型及生活中的运用	活动9：观察镜面反射和漫反射的光路 学生活动预设：从某个角度看，光很耀眼。 教师提问：这是为什么呢？ 知识总结：一束平行光照射到镜面上后，会被平行地反射。这种反射叫作镜面反射，镜面反射的反射光很强，迎着反射光看过去，会看到很刺眼的光。而偏离开反射光的方向就看不到光。	通过视频介绍让学生了解光污染给人类带来的困扰。

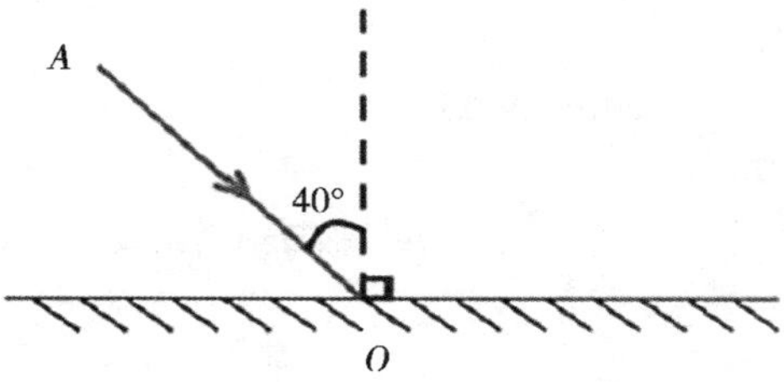

（续上表）

知识主线	教学活动	设计意图
4. 光 的 反射 类 型 及 生活 中 的 运用	凹凸不平的表面会把平行的入射光线向着四面八方反射。这种反射叫作漫反射。我们能从各个方向观察到物体，是由于光在物体表面发生了漫反射。无论是镜面反射还是漫反射都遵循光的反射定律。 活动 10：了解生活中的镜面反射 （1）光污染。 设计意图（教师引导）：有一些镜面反射会给我们带来困扰，甚至造成光污染。 【播放视频】光污染 （2）角反射器。 教师引导：凡事都具有两面性。镜面反射也并不是只给我们带来困扰，请同学看看这种现象。 设计意图：实验演示—观察实物—绘制光路图。 【演示实验】角反射器 教师提问：绿色激光射向的是什么仪器？ 知识总结：实际上这个仪器就是由互相垂直的平面镜组成的，叫作角反射器。 教师引导：请同学们尝试画出它的光路图（图 3 - 15）。 图 3 - 15	通过演示实验光的反射在生活中的运用，拥有辩证地看待问题的意识。

（续上表）

知识主线	教学活动	设计意图
4. 光的反射类型及生活中的运用	教师引导：生活中有很多方面应用了角反射器，例如自行车的尾灯、公路反光标志等，它们既可以帮助我们看清物体，又可以节约能源。 （3）塔式发电技术。 教师引导：我国的塔式发电技术处于世界一流，很多国家都采用我国的技术，通过视频进行进一步的了解。 【播放视频】塔式发电技术 教师引导：原来是平面镜反射太阳光实现了发电。科技是一把双刃剑，因此我们要合理利用科学技术，保护地球，造福人类。	增强民族自豪感，培养为了建设科技强国而努力学习的意识。
5. 巩固小结	通过本次课，学生已经对光的反射有了一定的认识，师生共同回顾。 （1）光的反射：光遇到桌面、水面以及其他许多物体的表面都会发生反射。 （2）光的反射定律：在反射现象中，反射光线、入射光线和法线都在同一平面内；反射光线、入射光线分别位于法线两侧；反射角等于入射角。 （3）在反射现象中，光路是可逆的。 （4）镜面反射和漫反射。	

七、教学评价

（一）当堂检测

1. 如图 3－16 所示，一束与镜面成 60°角的光斜射到平面镜上，反射角是＿＿＿＿＿＿＿＿，反射光线与入射光线的夹角是＿＿＿＿＿＿＿＿。

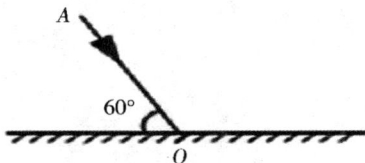

图 3－16

2. 当图 3 - 27 中这束入射光与镜面的夹角逐渐减小时，则（　　）。

A. 入射角逐渐增大，反射角逐渐增大

B. 入射角逐渐减小，反射角逐渐减小

C. 入射角逐渐增大，反射角逐渐减小

D. 入射角逐渐减小，反射角逐渐增大

（二）课后作业

1. 基础性作业：完成学生资源中的作业练习。

2. 拓展性作业：用光的反射的知识，动手完成如图 3 - 17 所示的现象。

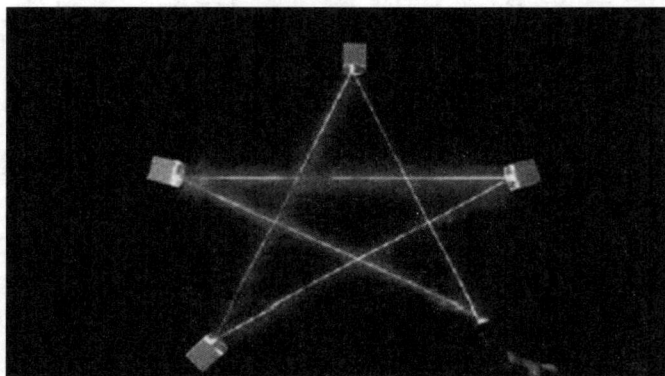

图 3 - 17

第四节 "凸透镜成像规律" 教学设计

一、教材分析

(一) 概念的层级位置 (图3-18)

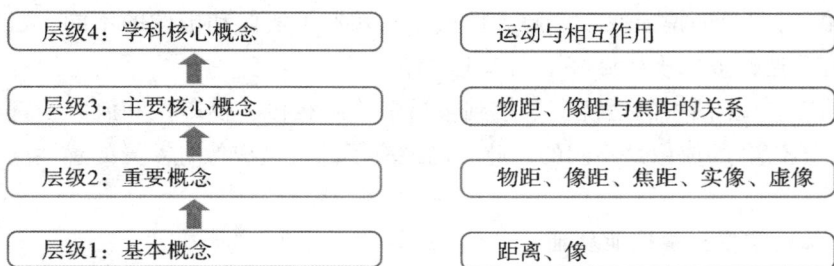

层级4: 学科核心概念	运动与相互作用
层级3: 主要核心概念	物距、像距与焦距的关系
层级2: 重要概念	物距、像距、焦距、实像、虚像
层级1: 基本概念	距离、像

图3-18

(二) 课程标准要求及解读

了解凸透镜对光的会聚作用和凹透镜对光的发散作用；探究并了解凸透镜成像的规律；了解凸透镜成像规律的应用。

本节对应课标的第二、三点要求。第二点要求学生探究并了解凸透镜成像的规律。对于凸透镜，除了会聚作用外，还要学习它的成像规律。学生通过实验探究学习凸透镜的成像规律，并了解这个规律在实际中的应用。凸透镜成像的规律属于"了解"的水平，不要要求太高。教学中应让学生认识成像规律，定性地知道像的大小、正倒、虚实。第三点要求学生知道凸透镜成像规律在生产生活中有大量的应用，例如让学生了解凸透镜成像规律在放大镜、照相机中的应用。

凸透镜成像规律是主题核心概念。在教学中既要重视探究式学习，也要重视了解凸透镜最核心的规律，还包括用凸透镜成像规律解释生产生活中的问题。

二、学生学情分析

（一）学生前概念

第一，在"光的直线传播"动手动脑学物理栏目中，要求学生制作针孔照相机，并观察窗外的景物，记录观察到的像的特点，在课堂上汇报展示实验成果。同时，在课堂上引导学生继续探究小孔到烛焰距离不同时像的特点，使学生建立描述像特点的概念，如实像、放大和缩小、倒立等。

第二，"平面镜成像"了解虚像概念，知道了实像和虚像的不同，这些都为探究凸透镜成像规律做好了知识上的储备。

第三，"生活中的透镜"了解到生活中的照相机、投影仪和放大镜都是凸透镜，但三者的成像是不同的。此时已经有了凸透镜成像有差异的感性认识。

（二）学生实验技能基础

通过前面的小孔成像实验和平面镜成像实验，学生已经能区分实像和虚像，同时也具备了利用刻度尺读取数据的能力，从技能上为这节课的学习做好了充分的准备。

（三）学生认知水平及习惯

第一，学生已具备了一定的观察、实验和分析归纳能力，对探索凸透镜成像规律有着强烈的好奇心和求知欲，实验是激发学生兴趣的最好方法。通过实验让学生充分发挥自己的潜能去探究、交流和思考，完成对凸透镜成像规律的认识。

第二，本节探究课学生面临着许多困难。一方面，实验探究涉及的物理概念，如物距、像距、焦距、实像、虚像，特别是要找到各种像应调整什么，如何调整，学生感到盲目；另一方面，从数据中要得到结论也不容易。因此，老师必须重视，在探究过程中对学生进行引导和指导，同时培养学生收集信息、分析问题、解决问题等能力，初步学会科学探究的一般方法。

三、教学目标

第一，通过实验探究，知道凸透镜成像的规律。

第二，经历探究过程，提升对证据的分析和论证能力。

第三，通过探究活动，体会实验探究活动在认识事物过程中的重要意义。

四、教学重难点

重点：经历凸透镜成像规律的探究过程。

难点：能对实验现象和实验数据进行分析、对比、归纳，总结出凸透镜成像的规律。

五、单课时概念层级划分

水平1：知道不同的物距，凸透镜成的像不同。

水平2：知道物距、像距、实像、虚像的概念。

水平3：理解物距、像距与焦距的关系。

水平4：理解凸透镜成像的特点是由物距的变化引起。

六、教学设计

知识主线	教学活动	设计意图
1. 感知不同的物距影响放大镜成像的情况（构建物距、像距、焦距、实像、虚像等概念的必要性）	创设情境，引入新课 问题1：老师为同学们准备了一个放大镜，你知道放大镜是什么镜吗？请说出你的判断依据。 问题2：请同学们用放大镜紧贴教材观察一下教材上的字，请你描述出你看到的现象。再将放大镜向上移动离开教材，看到的字有变化吗？请用简洁的语言描述出来。 问题3：请同学们用放大镜对着窗外的景物，在放大镜的另一侧用白纸做光屏，请你描述出你看到的现象。改变放大镜和景物的距离，看到的现象有变化吗？请用简洁的语言描述出来。 引发思考：不同的距离会成什么样的像呢？	创设合理的猜想情境，培养学生的观察能力、分析能力、表达能力、思考能力，帮助学生初步认识不同的物距影响

（续上表）

知识主线	教学活动	设计意图
1. 感知不同的物距影响放大镜成像的情况（构建物距、像距、焦距、实像、虚像等概念的必要性）		成像的不同（如像距、实像、虚像等），引出本节的重要概念。
2. 学生分组实验：探究凸透镜成像实验	探究凸透镜成像的规律（图3-19） （1）提出问题：凸透镜成像的不同与什么有关？ （2）猜想假设：可能跟物体到凸透镜的距离有关。 问：怎么把同学们刚刚用放大镜观察窗外景物的模型转化为实验模型？需要哪些实验器材？它们的位置关系是怎样的？ 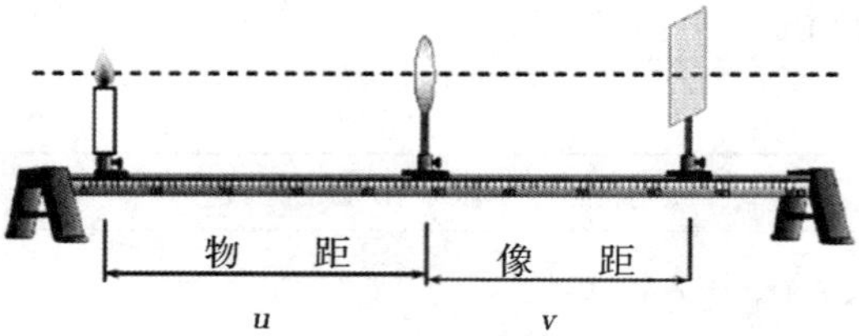 图3-19 （3）设计实验。 实验器材：_____ 实验装置：_____ 实验方案：_____ _____ （4）进行实验与收集数据。 温馨提示：请把实验中测得的数据和观察到的现象记录下来。 实验表格：	让学生经历实验操作过程，从数据中分析论证得出结论。通过对重要概念数据的记录，为后面的环节分析得出核心概念打好基础，培养学生的分析论证能力。

（续上表）

知识主线	教学活动	设计意图
2. 学生分组实验：探究凸透镜成像实验	<table><tr><td>物距/cm</td><td>像距/cm</td><td colspan="2">像的特点</td></tr><tr><td></td><td></td><td></td><td></td></tr><tr><td></td><td></td><td></td><td></td></tr><tr><td></td><td></td><td></td><td></td></tr></table>	
3. 分析论证实验结论：总结出凸透镜成像的规律（物距、像距、焦距的关系）	教师：停止实验，把同学们记录的数据和对应观察到的现象进行编号，1，2，3，4，5，6，7，8，9… 活动4：分析论证 （1）你在实验中如何确定是最清晰的像呢? （2）如果发现无论怎么移动光屏都找不到像，你是怎么做的? （3）请将这些数据归类观察，你有什么发现? 和你的组员说一说归类的依据和发现。 实验表格： <table><tr><td>物距/cm</td><td>像距/cm</td><td colspan="2">像的特点</td></tr><tr><td></td><td></td><td></td><td></td></tr><tr><td></td><td></td><td></td><td></td></tr><tr><td></td><td></td><td></td><td></td></tr></table> 实验分析：_____ 实验结论：_____ 活动5：拓展 当成实像时，如用手挡住透镜的一小部分，猜一猜光屏上的像可能有什么变化?	培养学生对实验数据进行分析和论证的能力，引导学生分析表格数据进行比较，让学生进行简单的因果推理，让学生以书面或口头表述自己的观点，培养学生处理信息、分析概括的能力，从而提高学生的科学素养。通过分析数据后得出本节的主题核心概念物距、像距、焦距之间的关系对所成像的影响。

（续上表）

知识主线	教学活动	设计意图
4. 应用凸透镜成像规律解决问题	活动6：动画演示（图3-20） 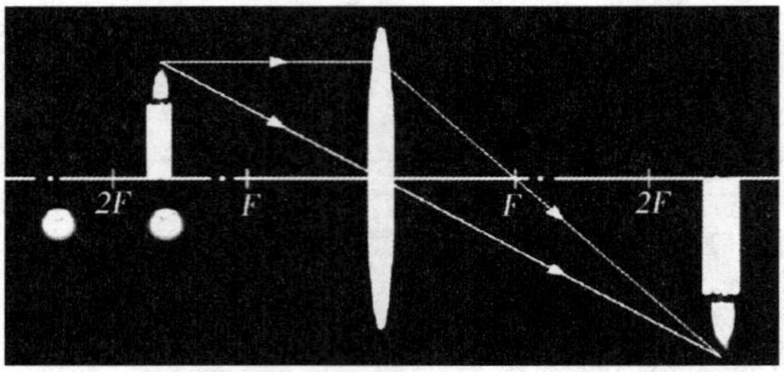 **图3-20** 应用：照相机、投影仪、放大镜	用动画形式向学生展示凸透镜成像的连续变化规律，形成深刻印象。当物距连续变化引起像和像距的变化规律，用动画让学生观察出二倍焦距和一倍焦距处的特殊意义。挖掘出凸透镜成像规律背后的本质是学科核心概念运动和相互作用。 把凸透镜成像的规律运用到生活中的照相机、投影仪和放大镜，既凸显了本节课教学主题，又将物理与

（续上表）

知识主线	教学活动	设计意图
4. 应用凸透镜成像规律解决问题		社会紧密联系在一起，增加了物理教学的实际意义。
5. 巩固小结	从以下维度反思本节课的收获： （1）提出了什么研究问题？ （2）设计了什么实验方案？ （3）经历了什么过程得到的规律？ （4）遇到了什么问题，又是如何解决的？ （5）实验过程中需要注意哪些问题？	对应本节课目标，让学生叙述这节课的收获，包括知识、方法、能力上的收获，使学生对本节课所学知识有整体的把握，再一次厘清是如何在实验中进行概念的进阶的。

七、教学评价

（一）当堂检测

小明用凸透镜、蜡烛、光屏等探究凸透镜成像的规律（图 3–21）。

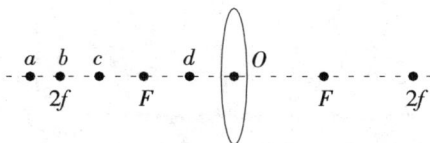

图 3–21

（1）实验前，调节_____、凸透镜和光屏的中心大致在_____
____上，目的是_____。

（2）如图所示，将蜡烛放在 a 点，移动光屏（未画出），直到眼睛观察到
光屏上出现_____。此时，光屏上出现烛焰_____立、_____
____的_____像。

（3）将蜡烛移到 c 点，将光屏向_____（选填"左"或"右"）移
动，光屏上会出现烛焰清晰的_____立、_____的_____像。

（4）将蜡烛移到 d 点，从右边通过凸透镜能够看到_____立、
_____的像，将光屏放到像的位置，_____（选填"能"或
"不能"）在光屏上观察到烛焰的像，此时凸透镜成的是_____像。

（二）课后作业

1. 在"探究凸透镜成像的规律"实验中，首先需要使烛焰和光屏的中心
位于凸透镜的主光轴上，下列选项中的情况属于已经调整好的是（　　）。

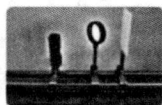 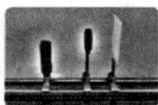 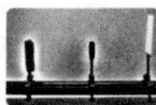 

A　　　　　　　　　B　　　　　　　　　C　　　　　　　　　D

2. 凸透镜的焦距是 5cm，将物体放在主光轴上距透镜中心 7cm 处，物体
所成的像是（　　）。

A. 倒立、缩小的实像　　　　B. 倒立、放大的实像

C. 正立、放大的虚像　　　　D. 正立、等大的虚像

3. 某同学做凸透镜成像实验，当蜡烛距离凸透镜 12cm 时，发现光屏上有
一个清晰缩小的像，由此可以判断该凸透镜的焦距可能是（　　）。

A. 5cm　　　　B. 10cm　　　　C. 15cm　　　　D. 20cm

4. 小刚用焦距为 10cm 的凸透镜做实验，实验装置如图 3-22 所示。

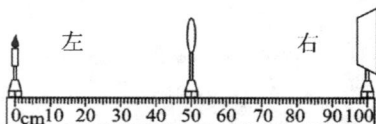

图 3-22

（1）实验前，为了使像成在光屏中央，应调节烛焰中心、透镜中心和光屏中心在_____上。

（2）实验中小刚记录的实验数据和成像情况如下表所示，请将表格补充完整。

实验序号	物距/cm	像距/cm	像的大小	像的虚实
1	30	15	缩小	实像
2	20	20	无	无
3	15	无	无	无
4	10	无	无	无
5	8	无	无	无

分析表格可知：

①从实验1、2、3可以看出，当成实像时，物体距凸透镜越近，光屏上像的大小就越_____；

②同一凸透镜，成实像时，像距随物距的增大而_____。

（3）将蜡烛放在45cm刻度线，从透镜的_____（选填"左"或"右"）侧通过透镜可以看到烛焰的像。

（4）实验中，随着蜡烛燃烧，光屏上的烛焰像会向_____移动，为使像回到光屏中央应将蜡烛往_____调（均选填"上"或"下"）。

（5）实验过程中一只大飞蛾落到了凸透镜上，光屏上会出现的现象是_____。

（6）小刚的实验记录不够全面，应该补充像的_____情况。

第五节　"摩擦力"教学设计

一、教材分析

（一）概念的层级位置（图 3 – 23）

层级4：学科核心概念	运动和相互作用
↑	
层级3：主题核心概念	二力平衡
↑	
层级2：重要概念	摩擦力

图 3 – 23

（二）课程标准要求及解读

通过常见事例或实验，了解重力、弹力、摩擦力，认识力的作用效果。探究并了解滑动摩擦力的大小与什么因素有关。

设计思路与前面对弹力、重力的设计是相同的，即让学生再次经历感知、描述、测量、分析等认识力的过程。一方面，弹力、重力等知识的学习可以对摩擦力的学习起到正向迁移的作用。重点为测量水平运动物体所受的滑动摩擦力。这个实验是课标中规定的必做的测定性实验。教科书为保证学生能对实验原理有正确的认识，特意将本节放在二力平衡内容之后进行。摩擦与人们的生活息息相关。针对这些问题的研讨，有助于学生领悟客观事物之间的辩证关系。

二、学生学情分析

（一）学生前概念

第一，力与物体的运动是学生在生活中最常见的现象，所以学生对力有丰富的前概念。再者，前面已经学习了力、弹力、重力等知识，获得了探究力学问题的方法和经验。这些都为本节的学习奠定了基础。

第二，由于生活中的一些事例已使学生形成对于"力与运动关系"的错误观点，这会使学生在学习中有一定的困难。学生在物理语言的准确性和科学性方面的欠缺，也会给本节的学习造成一定的障碍。

（二）学生实验技能基础

第一，学生已经了解科学探究的步骤和方法，会使用控制变量法和转换法实验设计验证猜想。

第二，学生会使用弹簧测力计测量力的大小。

（三）学生认知水平及习惯

第一，学生处于从形象思维向抽象思维发展的阶段，需要从直观形象的现象出发。通过思维加工实现概念的构建。

第二，具有初步的自学能力（从文本中获取直接信息能力）和小组合作探究的能力。

三、教学目标

第一，能根据生活体验认识摩擦力。

第二，能根据二力平衡的条件，用弹簧测力计粗略测量水平运动物体所受的滑动摩擦力。

第三，通过实验探究，了解改变滑动摩擦力大小的方法。

四、教学重难点

重点：用实验探究影响滑动摩擦力大小的因素，体会控制变量的思想和方法的科学性；知道增大和减小摩擦力的方法。

难点：滑动摩擦力的方向的判断。

五、单课时概念层级划分

水平 1：知道力是改变物体运动状态的原因。

水平 2：知道二力平衡的条件。

水平 3：知道摩擦力产生的原因及摩擦力的分类。

水平4：知道滑动摩擦力的大小与压力大小和接触面的粗糙程度有关。

水平5：知道增大和减小摩擦的方法。

六、教学设计

知识主线	教学活动	设计意图
1. 摩擦力概念构建	创设情境，引入新课 活动1：感受摩擦力（图3-24） （1）让学生将手掌轻轻按在课桌上，分别向前滑动、向后滑动、向左滑动、向右滑动，体会滑动过程中桌面对手的前进有什么影响。 （2）将准备好的牙刷的刷毛直立在课桌的表面，用力推动或拉动牙刷，观察毛刷弯曲的方向，分析毛刷弯曲的方向与牙刷运动有什么关系。 图3-24 综合分析，摩擦力产生在什么位置？方向如何？产生摩擦力的条件是什么？ 总结：两个相互接触的物体，当它们相对滑动时，在接触面上会产生一种阻碍相对运动的力，这种力叫作滑动摩擦力。	让学生初步感知摩擦力的存在。在事实经验的基础上，讨论、交流、概括并归纳抽象出摩擦力产生的条件、方向。

（续上表）

知识主线	教学活动	设计意图
2. 探究影响滑动摩擦力大小的因素	活动2：探究影响滑动摩擦力大小的因素 分别用大小不同的力，将手放在桌面上滑动；分别用大小不同的力，将手放在粗糙的衣服表面滑动，感受所受到的摩擦力的大小差异，据此提出可探究的物理问题。 （1）提出问题：滑动摩擦力的大小与什么因素有关？ （2）猜想与假设：＿＿＿＿＿＿＿＿＿＿＿＿＿＿ （3）设计实验的方案： ①实验的基本思路如何？ ②实验中的自变量有哪些？因变量是什么？该如何运用控制变量法？ 研究因素（自变量）／因变量／不变量（表格） （4）实验数据的表格如何设计？ （5）如何测量摩擦力？（图3-25） 木块匀速直线运动 $F_{拉}$ f 拉力=摩擦力 图3-25 思考问题： （1）木块受到的摩擦力产生在木块与桌面的接触面上，如何测得接触面上的力？	创设生活情境，在经验的基础上抽象可探究的物理问题。经历完整的科学探究过程，在实验中巩固对控制变量法、二力平衡、相互作用等知识的理解和运用。在评估过程中反思实验操作，改进实验方案，培养创新意识和能力。

研究因素（自变量）	因变量	不变量

（续上表）

知识主线	教学活动	设计意图
2. 探究影响滑动摩擦力大小的因素	（2）弹簧测力计的示数是木块所受的拉力，如何用弹簧测力计的示数表示木块摩擦力？ 分析：一个物体受多个力作用时，可等效为作用点均在中心上。木块在桌面运动时，在水平方向受到两个力的作用，即弹簧测力计的拉力和桌面的摩擦力。当木块匀速直线运动时，木块处于平衡状态，所受的摩擦力与拉力二力平衡，因此摩擦力的大小等于拉力的大小。因此，实验中测量摩擦力的方法是：在水平方面匀速拉动木块，使木块做匀速直线运动。 进行实验 （1）实验器材：木块、木板、毛巾、棉布、弹簧测力计、砝码等。 （2）进行实验：小组合作完成实验（5分钟） 实验分工：A 组完成探究滑动摩擦力是否与压力有关；B 组完成探究滑动摩擦力是否与接触面的粗糙程度有关；C 组完成探究滑动摩擦力是否与接触面积有关。 （3）归纳结论： _____ _____ （4）实验评估： _____ _____ （5）根据学生的实验评估，教师继续提问： ①很难保证匀速拉动木块的问题如何解决？ ②弹簧测力计一直在动，精确读数困难的问题如何解决？ ③能否根据存在的问题提出解决方法，并绘制实验方案设计图？	用弹簧测力计示数来表示摩擦力大小很容易想到，但极少思考为何能用"拉力"表示"摩擦力"，在此引发学生思考并领会转换法。

（续上表）

知识主线	教学活动	设计意图
2. 探究影响滑动摩擦力大小的因素	（6）优化实验方案。 实验改进方案一（图3－26）： 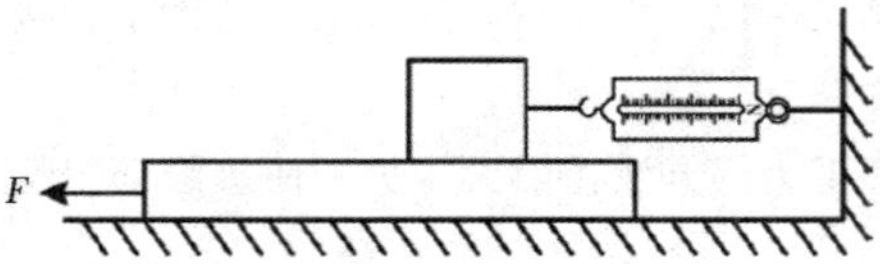 **图3－26** 实验改进方案二（图3－27）： 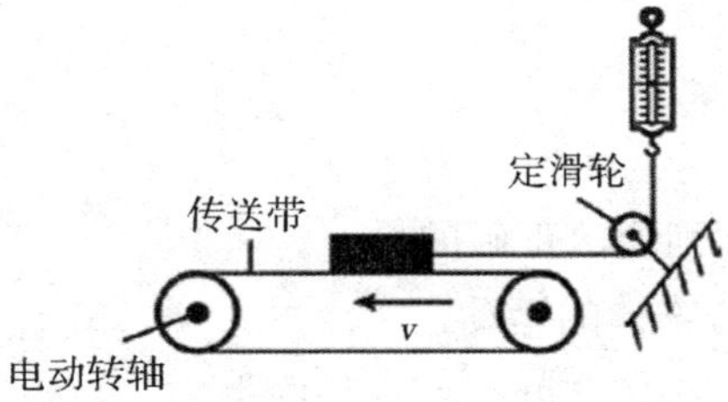 **图3－27** 木块相对地面处于静止状态，相对木板或传送带处于运动状态，木块在水平面仍然受到滑动摩擦力和弹簧测力计的拉力的作用。根据平衡状态可分析得到滑动摩擦力的大小与弹簧测力计的示数大小相等。	学生分析实验所得数据得出结论，修正前概念中存在的思维误区。
3. 生活中的摩擦力	活动3：认识摩擦的利弊及增大和减小摩擦的方法 请同学们阅读教材第26页的"科学世界"，认识减小摩擦的方法： （1）生活中，哪些地方存在摩擦力？ （2）分析这些摩擦力哪些是有益摩擦，哪些是有害摩擦？ （3）生活中如何增大有益摩擦、减小有害摩擦？	

（续上表）

知识主线	教学活动	设计意图
4. 巩固 小结	今天这节课的收获： （1）摩擦力的定义。 （2）摩擦力的方向：与物体相对运动的方向相反。 （3）决定滑动摩擦力大小的因素：压力的大小和接触面的粗糙程度。 （4）增大摩擦力的方法：增大压力，使接触面粗糙，变滚动为滑动。 （5）减小摩擦力的方法：减小压力，使接触面光滑，变滑动为滚动，使接触面分离。	

七、教学评价

（一）当堂检测

1. 关于摩擦力，下列说法正确的是（　　　）。

A. 摩擦力总是阻碍物体的运动

B. 相对运动的两个物体之间一定存在摩擦力

C. 静止的物体有可能受到滑动摩擦力

D. 运动的物体一定受到摩擦力作用

2. 下列选项中，物块不受摩擦力的是（　　　）。

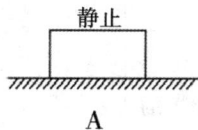 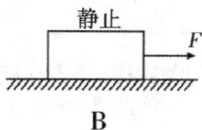 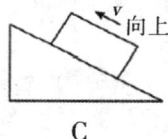 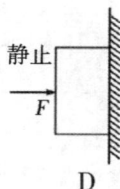

3. 关于摩擦，下列说法不正确的是（　　　）。

A. 汽车行驶时，车轮与地面之间的摩擦是滚动摩擦

B. 用圆珠笔写字时，笔尖与纸之间的摩擦是滑动摩擦

C. 手拿筷子时，手与筷子之间的摩擦是静摩擦

D. 用黑板擦擦黑板时，黑板擦与黑板之间的摩擦是滑动摩擦

4. 如图 3 – 28 所示，小明推着一个箱子向右运动，请画出箱子所受摩擦力的示意图。

图 3 – 28

(二) 课后作业

1. 如图 3 – 29 所示，将两本书一页一页交叉重叠在一起，用力向两侧拉时，发现很难拉开，这主要是因为拉书时，书页之间产生了较大的 (　　)。

A. 重力　　　　　　B. 拉力　　　　　　C. 压力　　　　　　D. 摩擦力

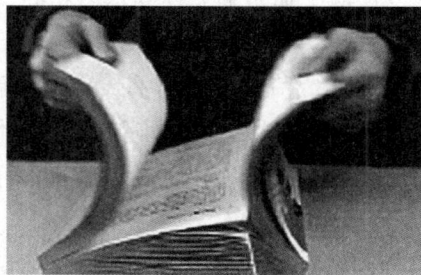

图 3 – 29

2. 关于摩擦力，下列说法正确的是 (　　)。

A. 相互压紧的两个粗糙物体之间总存在摩擦力

B. 两个相对静止的物体之间一定有静摩擦力

C. 滑动摩擦力的大小与物体运动的速度有关

D. 相互挤压且表面粗糙的物体之间有相对滑动时，会产生摩擦力

3. 如图 3 – 30 所示是某实验小组用弹簧测力计、长方体木块（各表面粗糙程度相同）、砝码、长木板（足够长）和毛巾探究"影响滑动摩擦力大小的因素"。

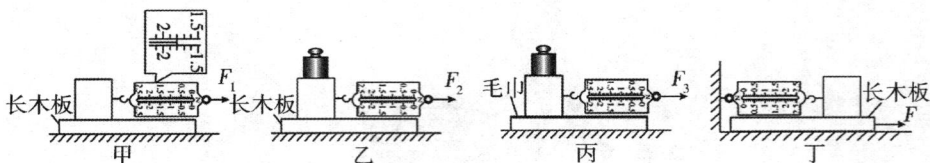

图 3 – 30

（1）实验过程中，应拉着木块在长木板上做匀速直线运动，此时弹簧测力计的示数如图 3 – 30 甲所示，则根据_____知识可知，木块受到的滑动摩擦力为_____N。

（2）进行图 3 – 30 甲、乙两次实验是为了探究滑动摩擦力的大小与_____的关系。在图 3 – 30 甲中，若拉着木块以更大的速度运动，木块所受摩擦力将_____（选填"变大""变小"或"不变"）。

（3）实验小组在图 3 – 30 甲实验的基础上，又把木块立放在木板上，并沿直线匀速拉动木块，发现两次弹簧测力计的示数相同，说明滑动摩擦力的大小与接触面积的大小_____（选填"有关"或"无关"）。

（4）实验小组想进一步探究滑动摩擦力的大小与接触面粗糙程度的关系，于是进行了如图 3 – 30 丙所示的实验，但是当弹簧测力计示数达到最大值时仍没拉动木块，为了使用现有实验器材顺利完成该探究，可采取的办法是_____
_____。

（5）实验小组改用如图 3 – 30 丁所示装置进行探究，用力 F 水平向右拉动长木板，当弹簧测力计示数稳定时，木块相对于地面_____（选填"运动"或"静止"），其受到的摩擦力方向向_____，此时的摩擦属于_____（选填"静""滑动"或"滚动"）摩擦。

第六节　"浮力"教学设计

一、教材分析

（一）概念的层级位置（图 3 – 31）

层级4：学科核心概念	→	运动和相互作用
层级3：主题核心概念	→	机械运动、力
层级2：重要概念	→	浮力

图 3 – 31

（二）课程标准要求及解读

通过实验，认识浮力。探究并了解浮力大小与哪些因素有关。知道阿基米德原理，能运用物体的浮沉条件说明生产生活中的有关现象。

课标解读：本节对应课标的第一、二点要求。第一点要求学生通过实验，感受浮力的存在、说出浮力的施力物体和方向，并会用弹簧测力计测量在液体中下沉的物体所受的浮力；通过实验，构建理想物理模型，能分析浮力产生的原因。第二点要求学生通过实验探究浮力大小与哪些因素有关，得出浮力的大小只与物体浸在液体中的体积和液体的密度有关。［选自《义务教育课程标准（2022 年版）课例式解读：初中物理》，第 16 页］

二、学生学情分析

（一）学生前概念

第一，学生学习了力的概念，知道力的三要素，即力的大小、方向和作用点，知道力的作用效果。

第二，学生前面学习了弹力、重力、摩擦力，能构建理想物理模型来进行简单的受力分析。

（二）学生实验技能基础

通过前面的"滑动摩擦力与哪些因素有关""阻力对物体运动的影响"等实验，学生已经懂得物理的科学探究方法，认识到"控制变量法"和"转换法"是初中物理实验的两种常用方法。大部分学生能根据实验需要灵活使用这两种研究方法，已经学会使用天平、弹簧测力计等测量工具。

（三）学生认知水平及习惯

学生已经学习了重力、压力、压强、二力平衡等相关知识，具备了一定的观察、实验和分析归纳能力，对探索浮力有着强烈的好奇心和求知欲。实验是激发学生兴趣的最好方法。通过实验让学生充分发挥自己的潜能去探究、交流和思考，完成对浮力的认识。

学生具有初步的自学能力，但是存在认知困难：学生对身边的浮力现象产生浓厚的兴趣，但是并不了解浮力产生的原因。受生活经验影响，学生学习影响浮力大小因素的相关知识也是模糊不清的。

三、教学目标

第一，通过实验感受浮力的存在，知道浮力的施力物体和方向，会用弹簧测力计测量物体所受的浮力的大小。

第二，通过实验构建理想模型，会分析浮力产生的原因。

第三，通过探究浮力大小与哪些因素有关的实验，培养学生的探究能力及得出浮力的大小的影响因素。

四、教学重难点

重点：认识什么样的物体会受到浮力；能对浮力的大小与哪些因素有关作出正确的猜想，并能根据猜想设计实验进行验证。

难点：设计实验探究浮力的大小与哪些因素有关。

五、单课时概念层级划分

水平 1：知道浮力的存在及浮力的方向。
水平 2：知道浮力产生的原因。
水平 3：知道浮力的大小与液体密度和浸入液体的体积有关。

六、教学设计

知识主线	教学活动	设计意图
1. 感知生活中的浮力现象，认识浮力（概念、方向）	创设情境，引入新课 活动 1：观看短视频《死海不死》，讨论人为何能浮在水面不下沉 思考 （1）生活中还有哪些物体也受到这样的力的作用？请举例说明。 （2）下沉的小石头是否受到浮力的作用？ （3）如何验证下沉的石头受到浮力的作用？ （4）手给铁块向上的托力类比水给铁块的浮力，如图 3－32。 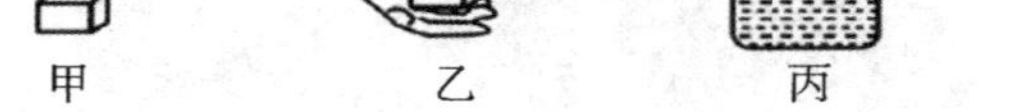 图 3－32	通过活动 1、2 的视频和演示小魔术，可直接引入浮力的学习，让学生体会物理知识贯穿我们生活的方方面面，还能激发学生的学习兴趣和探知欲。

（续上表）

知识主线	教学活动	设计意图
1. 感知生活中的浮力现象，认识浮力（概念、方向）	活动2：演示实验，让学生判断浮力的方向，总结出浮力的定义（图3-33）  图3-33 总结：浸在任何液体中的物体受到液体竖直向上的托力，浮力的方向是竖直向上。	创设合理的实验，培养学生的观察能力、分析能力、表达能力、思考能力。初步认识本节重要的浮力概念（方向、定义）。浮力的方向用乒乓球来演示，改变了传统方式，增强了直观性。
2. 浮力产生的原因	活动3：探秘浮力产生的原因。 演示实验：浮不起的乒乓球（图3-34） 将乒乓球放入倒置的饮料瓶内，然后向瓶内加水，观察乒乓球是否会浮起？对实验结果进行思考，为什么会出现这个现象。 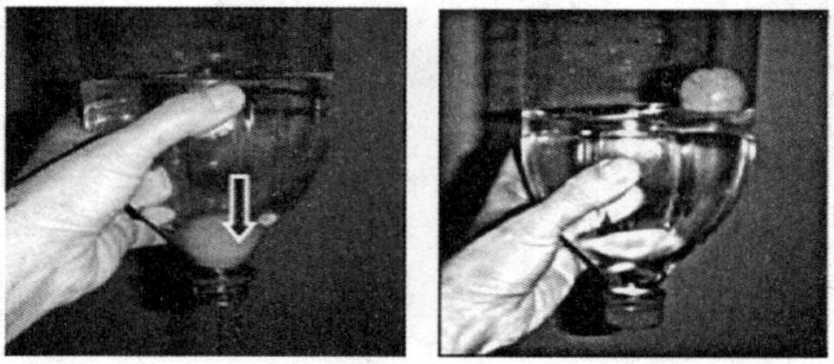 图3-34	设计本实验的目的主要是两个目标的过渡衔接，引出浮力是怎样产生的这一问题。学生在回答使乒乓球浮起的方法时，往往会想到用筷子"捞"。在此基础上，激发学生进一步思考"堵"的方法。

（续上表）

知识主线	教学活动	设计意图
2. 浮力产生的原因	自制教具演示实验 （1）向右侧水槽里不断加水，观察橡皮膜的形变程度（图3－35）。  图3－35 （2）向左侧水槽里加水至正方体下表面，观察橡皮膜的形变程度（图3－36）。  图3－36	设计本教具的目的：为突破浮力产生原因这一难点，增强直观性。为增大可见度，通过希沃授课助手投屏直播实验过程，便于学生观察橡皮膜的形变程度。本教具设有两个水槽，两个水槽底部相连通，便于学生理解浮力产生的原因是上下表面存在压力差，从而得到乒乓球浮起的原因，又为通过构建模型，理论分析浮力产生原因埋下伏笔。

（续上表）

知识主线	教学活动	设计意图
2. 浮力产生的原因	（3）继续向左侧水槽里加水，用手按住正方体，同时观察橡皮膜的形变程度（图 3 - 37）。 图 3 - 37 （4）松手后观察正方体的运动状态（图 3 - 38）。 图 3 - 38 结合微课理论推导，让学生按照下面的步骤尝试分析浮力产生的原因： （1）左、右侧面和前、后侧面在液体中所处的深度相同时，所受液体的压力＿＿＿＿＿，对物体水平方向受力没有影响。	

（续上表）

知识主线	教学活动	设计意图
2. 浮力产生的原因	（2）物体上、下表面所处的深度分别为 h_1、h_2，结合液体压强知识分析：$h_2 > h_1 \rightarrow P_{向上}$ ＿＿＿＿＿＿＿＿$P_{向下} \rightarrow F_{向上}$ ＿＿＿＿＿＿＿ $F_{向下} \rightarrow F_{浮} = $ ＿＿＿＿＿＿＿＿。 （3）浸没在液体中的物体，其上下表面受到液体对它的 ＿＿＿＿＿＿＿＿ 不同，这就是浮力产生的原因，即 $F_{浮} = F_{向上} - F_{向下}$。 （4）知识的分析运用：解释乒乓球为什么不浮起来？如何让它浮起来？桥墩会受到浮力的作用吗？	
3. 测量浮力的大小	活动 4：测量浮力的大小（图 3–39）。 问题：漂浮在液面的木块受到浮力作用，下沉的圆柱体是否受到浮力？若受到浮力的作用，如何设计实验来证明呢？如何测出此时的浮力大小？引导学生进行实验操作并思考。 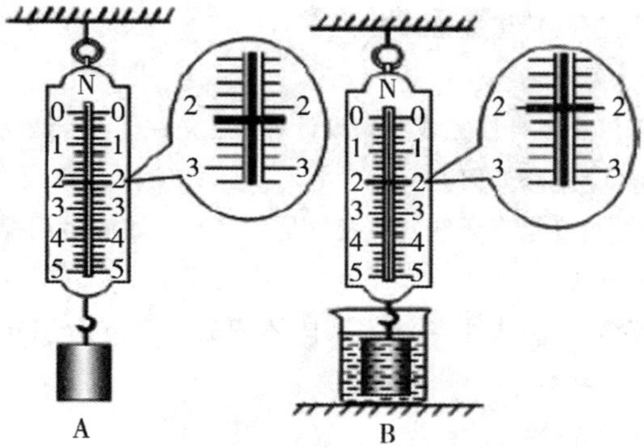 图 3–39 记：$G = $＿＿＿＿＿＿＿，$F_{拉} = $＿＿＿＿＿＿＿，$F_{浮} = $＿＿＿＿＿＿＿＿。 看：测力计的示数有什么变化？	通过学生设计实验，不断完善实验方案，变被动接受为主动学习。在完成测量后设计了层层递进的问题，培养学生的思维能力，注重知识的动态生成，使学生自己得出实验结论，获取新知。

（续上表）

知识主线	教学活动	设计意图
3. 测量浮力的大小	想：测力计示数的变化，说明了什么？ 议：测力计的示数减小值就是什么？（通过受力分析突破难点） 结论：浸在液体中的物体受到液体_____力，叫作_____，测量依据的公式：_____。	
4. 合作探究影响浮力大小的因素	活动5：探究影响浮力大小的因素。 提出问题 木块能漂浮在液面，而圆柱体沉入底部，浮力的大小与哪些因素有关呢？ 作出猜想 （1）体验感受浮力的大小。 ①把鸡蛋分别放入盛有酒精和盐水的烧杯，观察其状态； ②感受一下把易拉罐按入盐水中。 （2）请根据亲身体验和生活经验作出猜想：浮力的大小与哪些因素有关？ （3）根据学生的猜想进行归类。 设计并进行实验 【合作探究】小组合作完成实验设计环节，解决下列问题： a. 实验的基本思路如何？ b. 实验中的自变量有哪些？因变量是什么？该如何运用控制变量法？ 实验一：探究浮力大小与浸入液体体积的关系（分组实验，如图3-40） 实验器材：弹簧测力计、烧杯、盐水、圆柱体 实验方案：应控制_____不变，改变_____	让学生在体验中提出问题，再根据体验和生活经验作出猜想，并设计出实验方案，合作完成实验探究，既训练了学生的动手能力，又培养了他们的合作意识。

（续上表）

知识主线	教学活动	设计意图
4. 合作探究影响浮力大小的因素	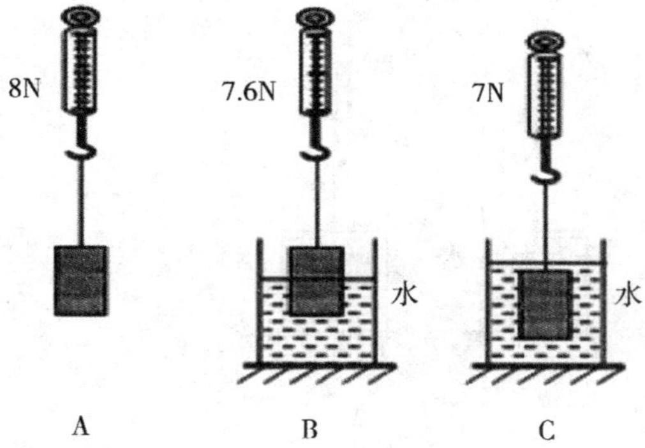 **图 3-40** 实验表格： 实验结论：_____ 实验二：探究浮力大小与液体密度的关系（分组实验，如图 3-41） 实验器材：弹簧测力计、烧杯、盐水、圆柱体 实验方案：应控制_____不变，改变_____	经历完整的探究过程，培养学生基于生活感知提出猜想的能力、初步设计实验的能力、根据实验现象进行分析论证的能力。

实验表格：

次数	浸入液体体积	重力	拉力	浮力
1	部分浸入			
2	全部浸入			

次数	液体密度	重力	拉力	浮力
1	水			
2	浓盐水			

（续上表）

知识主线	教学活动	设计意图
4. 合作探究影响浮力大小的因素	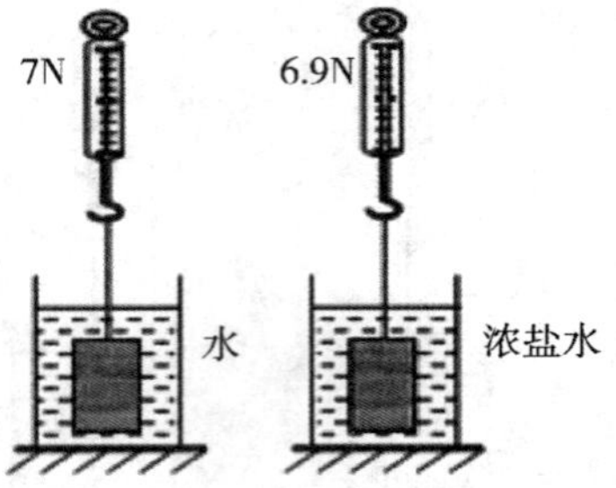 　　　　　7N　　　　　　6.9N 　　　　　　　　水　　　　　　　濃盐水 图 3－41 实验结论： ———————————————— ———————————————— 评估交流 实验后你还有哪些疑惑或有什么新的发现？ 课后拓展 浮力的大小与液体的密度和浸入液体的体积之间存在怎样的数量关系呢？	
5. 巩固小结	思考 这节课你有哪些收获？从以下三个维度进行反思：获得知识……获得能力……获得方法…… 反馈学习目标达成 （1）通过实验，感受浮力的存在，说出浮力的施力物体和方向，并会用弹簧测力计测量在液体中下沉的物体所受的浮力； （2）通过实验，构建理想物理模型，能分析浮力产生的原因； （3）通过探究浮力大小与哪些因素有关的实验，得出浮力的大小只与物体浸在液体中的体积和液体的密度有关。	情景前后相呼应，让学生对所学的知识进行梳理，使学生思路清晰，既巩固了有关知识，又培养了良好的学习习惯。

七、教学评价

（一）当堂检测

在探究"浮力的大小与哪些因素有关"的实验中（如图3-42所示），小明先用弹簧测力计测出金属块的重力，然后将金属块缓慢浸入液体中不同深度，步骤如图3-42 B、C、D、E、F所示（液体均未溢出），并将其示数记录在表中：

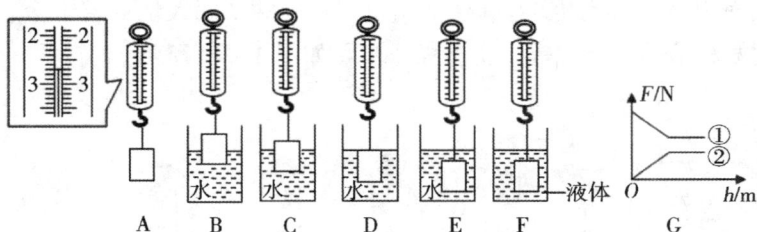

图3-42

实验步骤	B	C	D	E	F
弹簧测力计示数/N	2.2	2.0	1.7	1.7	1.9

（1）分析比较实验步骤A和_____，可得出：浮力大小与物体浸没在液体中的深度无关；分析比较A、B、C、D可知：浮力大小与物体_____有关；分析实验步骤A、E、F可知：浮力的大小还与_____有关。

（2）分析实验数据可知，F中液体密度_____（选填"大于""小于"或"等于"）水的密度。

（3）金属块浸没在水中时受到的浮力大小是_____N，金属块密度为_____kg/m^3。（$\rho_{水}=1.0\times10^3 kg/m^3$，$g=10N/kg$）

（4）图D和图E中，物体上下表面压力差_____（选填"C大""相等"或"E大"）。

（5）图D中，当物体从接触水面到浸没于水中更深处（未触底），图G中能表示出此过程物体所受浮力F与浸入水中深度h关系的图像是图_____（填①或②）。

（二）课后作业

1. 绳子的下端系着一个铁块，当铁块浸没在水中后剪断绳子，铁块下沉的过程中它受到的浮力（   ）。

    A. 逐渐变大   B. 逐渐变小   C. 保持不变   D. 变为零

2. 质量相同的铁球和铝球，分别挂在两个相同的弹簧测力计上，将两球同时浸没在水中。若挂铁球的示数变为 F_1，挂铝球的示数变为 F_2，则（   ）。

    A. $F_1 > F_2$ B. $F_1 = F_2$ C. $F_1 < F_2$ D. 无法比较

3. 在探究"浮力的大小与哪些因素有关"的实验中，实验器材是弹簧测力计、底面积为 20cm^2 的实心圆柱金属块、相同的平底大烧杯若干个、水、密度未知的某种液体、细线等。实验操作步骤如图 3-43 所示。

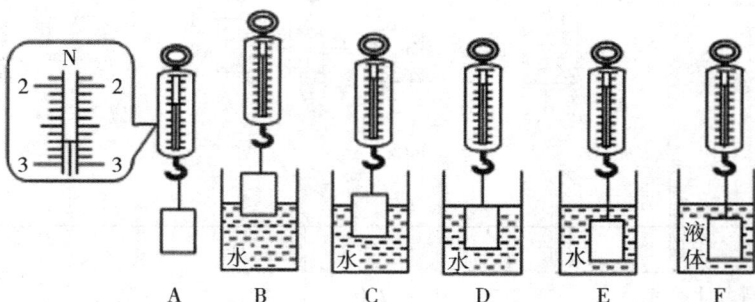

图 3-43

（1）将实验数据记录在表中，请将步骤 A 所示弹簧测力计的示数补充完整：_____N。

实验步骤	A	B	C	D	E	F
弹簧测力计示数/N		2.2	1.9	1.7	1.7	1.8

（2）分析实验步骤 A、B、C、D 可以说明浮力大小跟_____有关。

（3）分析实验数据可知，未知液体的密度_____（选填"大于""小于"或"等于"）水的密度；金属块的密度为_____（$g = 10\text{N/kg}$）。

（4）小华用表格中的数据算出了步骤 B 中金属块下表面受到水的压强是_____Pa，并发现步骤 B、C、D 中金属块下表面受到水的压强随着深度的增加逐渐＿＿＿＿＿＿＿（选填"增大"或"减小"）。

八、教学反思

本课是一节典型的实验探究课，通过"感受浮力"，使学生认识到当一个物体放入水中时，它就受到了水对它向上的推力，即浮力。通过"研究测量浮力大小的方法"，引导学生用实验探究物体在水中受到浮力大小的测量方法。又通过"测量物体的浮力"，从浮力和重力的关系，分析影响浮力大小的因素，解释物体沉浮的原因。经过一系列的科学探究活动使学生形成一个完整的概念：物体在水中受到的浮力大小，与物体浸入水中的体积（排开的水量）有关，浸入水中的体积（排开的水量）越大，受到的浮力也就越大。

让学生动手实验探究贯穿整节课，从而使学生对浮力有了最直接的感性认识。然后通过学生分组实验活动总结和教师的引导演示将学生的感性认识上升到理性认识，使学生进一步理解浮力的定义以及影响浮力的大小的因素。在浮力的影响因素的猜想上，学生有很多分歧，但采用合并归类的方法保证了大部分学生的猜想都有所体现，所以得以保证大部分学生都积极地参与进入。

第七节 "比热容"教学设计

一、教材分析

（一）概念的层级位置（图3-44）

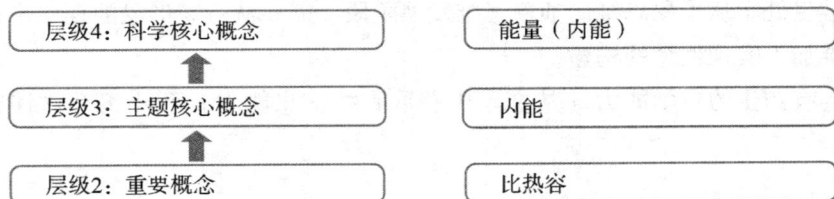

层级4：科学核心概念	能量（内能）
层级3：主题核心概念	内能
层级2：重要概念	比热容

图3-44

（二）课程标准要求

通过实验了解比热容，能用比热容说明简单的自然现象。

比热容是较为抽象的概念。在教学实践中，应通过比较质量相同的不同物·质升高相同的温度吸收的热量不同，引入比热容的概念，在实验中培养"科学探究"素养。教学中可以引导学生运用比热容的概念去解释说明生活中的常见实例和简单的自然现象。例如，能运用比热容说明为什么沙漠中的昼夜温差比海边大，提升学生利用物理知识解释自然现象、解决实际问题的能力。

二、学生学情分析

（一）学生前概念

通过"分子热运动"与"内能"的学习，学生已了解：物质是由分子或原子构成的，这些微观粒子在不停地做无规则运动，物体具有微观角度的内能，热传递可以改变物体的内能。生活中发现：物质吸收热量后温度会升高，放出热量后温度会降低；沙子和海水吸收相同热量后，沙子温度高，海水温度低。

（二）学生实验技能基础

认识到"控制变量法"和"转换法"是初中物理实验的两种常用方法。80%的学生能根据实验需要灵活使用这两种研究方法。正确组装加热装置、会使用温度计测量物体的温度等。

（三）学生认知水平及习惯

学生处于从形象思维向抽象思维发展阶段，需要从直观形象的现象出发通过思维加工实现概念的构建。

具有初步的自学能力（从文本中获取直接信息能力）和小组合作探究的能力。

三、教学目标

第一，通过"探究不同物质的吸热能力"实验，了解不同物质的吸热本领不同，同种物质的吸热本领相同。

第二，了解比热容是表示物质吸热本领的物理量，知道比热容是物质的一种属性。

第三，尝试用比热容解释简单的自然现象，感受物理知识与生活的密切联系。

第四，会进行简单的吸、放热计算。

四、教学重难点

重点：实验探究物体吸热多少与物质种类有关。
难点：比热容概念的建立。

五、单课时概念层级划分

水平 1：知道不同物质吸热本领不同。
水平 2：初步建立比热容的概念。
水平 3：能利用公式计算热量。
水平 4：能解释生活中与比热容相关的实际问题。

六、教学设计

知识主线	教学活动	设计意图
1. 比热容概念构建的必要性（意义）	创设情境，引入新课 炎炎夏日，同样的日照条件下，沙子热得烫脚，海水却很清凉，为什么感觉的温度不一样？ 分析：（生活问题转化成物理问题） "同样日照条件"可近似看作两种物质吸收了相同的热量；"沙子热"意味着沙子的温度高，"海水凉"意味着海水的温度低，清晨沙子和海水温度相同。因此，可认为是吸收相同热量后，沙子升高的温度多，海水升高的温度少。 提出问题：不同物质吸热能力是否相同？	利用生活情境，引发学生思考，激发学生学习的兴趣。

（续上表）

知识主线	教学活动	设计意图
1. 比热容概念构建的必要性（意义）	活动 1：探究不同物质的吸热能力（图 3 - 45） 结合烧水的生活经验思考，水吸收的热量与哪些因素有关？ 分析"探究不同物质的吸热能力"实验设计方案： （1）实验的基本思路是怎样的？ （2）实验中需要用到哪些研究方法？ （3）哪些是不变量？哪些是自变量、因变量？实验中如何具体使用控制变量法？ （4）如何表示食用油和水的吸热本领？ 食用油　　　　　　水 图 3 - 45 交流形成实验方案 用完全相同的电加热器，分别加热质量相等的食用油和水。每隔相同的时间，测量并记录它们的温度。 表格设计 	加热时间/min					
---	---	---	---	---	---
食用油的温度/℃					
水的温度/℃							通过将生活问题转化成为物理问题，培养学生解决问题的能力。通过探究实验，培养学生的实验设计能力。比较不同物质的吸热能力，形成初步的信息处理能力。

（续上表）

知识主线	教学活动	设计意图
1. 比热容概念构建的必要性（意义）	实验数据 | 加热时间/min	0	1	2	3	4	5
---	---	---	---	---	---	---
食用油的温度/℃	30	32	35	37	39	42
水的温度/℃	30	31	32	33	34	35 | 分析论证 （1）质量相同的食用油和水吸收相同的热量时升高的温度_____。 （2）质量相同的食用油和水升高相同的温度所吸收的热量_____。 结论：水吸热能力比食用油强。 食用油和水的吸热能力不同，即不同物质的吸热能力是不同的。	
2. 比热容	活动2：阅读教材第12页解决下列问题 （1）比热容的定义：_____。 （2）单位是_____，符号是_____，读作_____。 （3）水的比热容是_____，表示_____。 （4）通过下表，你有什么发现? **一些物质的比热容** 	物质	比热容 [J·(kg·℃)$^{-1}$]	物质	比热容 [J·(kg·℃)$^{-1}$]
---	---	---	---
水	4.2×10^3	铝	0.88×10^3
酒精	2.4×10^3	干泥土	约0.84×10^3
煤油	2.1×10^3	铁、钢	0.46×10^3
冰	2.1×10^3	铜	0.39×10^3
色拉油	1.97×10^3	水银	0.14×10^3
沙石	约0.92×10^3	铅	0.13×10^3		通过自学来了解比热容的概念、公式和单位，学会通过阅读获取信息。

(续上表)

知识主线	教学活动	设计意图
2. 比热容	归纳整理： (1) 经过科学测定，发现一般情况下，不同的物质，在质量相等、温度升高相同时，吸收的热量不同。物质的这种性质，用物理量比热容来表示。比热容用符号 C 表示。 (2) 一定质量的某种物质，在温度升高时吸收的热量与它的质量和升高的温度乘积之比，叫作这种物质的比热容。 $$c = \frac{Q}{m\Delta t}$$ 它的单位是焦每千克摄氏度，符号是 J／（kg·℃）。 (3) 比热容是物质的一种特性，与物质的种类和状态有关，与其他因素无关。	
3. 热量计算公式的推导、变形及计算	活动 3：根据比热容意义，构建热量计算方法 知道了水的比热容是 4.2×10^3 J／（kg·℃），你能根据它的物理意义计算出 0.4kg 的水温度从 20℃ 升高到 70℃ 需要吸收的热量吗？ 吸收的热量 = 4.2×10^3 J／（kg·℃）× 0.4kg ×（70℃ − 20℃）= 8.4×10^4 J 吸收的热量 = 比热容 × 质量 × 升高的温度 提炼公式 $Q_{吸}=cm（t_1-t_0）$　　　　$Q_{放}=cm（t_0-t_1）$ 说明：如果吸热和放热过程中存在物态变化，则上面的公式不能直接使用。 巩固练习：一个质量为 250g 的钢件，加热到 560℃，然后在空气中自然冷却，室温为 20℃，这个钢件在冷却过程中放出多少热量？	分析比热容的物理含义，用算术法计算吸收的热量，从而提炼热量的计算公式及变换，同时注意使用条件，逐渐进阶，体现了思维过程，从而提高学生的科学素养。

（续上表）

知识主线	教学活动	设计意图
4. 应用（解释生活现象）	活动4：解释生活现象 钢筋水泥都市，给我们的生活带来方便的同时，也给我们带来诸多不便，比如，炎炎夏日，都市气温往往比郊外要高3℃～5℃，这就是热岛效应，应该如何应对呢？ 谈起夏日海风，你可知道，在沿海地区陆地表面的气温变化比海面的气温昼夜变化更为显著，白天和夜晚的风向往往是不同的，你知道白天的风是从哪里吹向哪里吗？夜晚呢？	尝试用比热容知识解释生活现象，体现"从生活走向物理，从物理走向社会"的理念。巩固对比热容概念的理解。通过解释风向问题，整合地理学科知识。

七、教学评价

当堂检测

1. "早穿棉袄午穿纱，围着火炉吃西瓜"这句话反映了我国新疆的某些地区夏季昼夜气温变化显著，主要是砂石比水具有较小的（　　）。

　　A. 比热容　　　　　B. 密度　　　　　C. 热量　　　　　D. 内能

2. 水的比热容较大的性质，在日常生活中有着广泛的应用，下列事例中哪个不是应用这一性质的（　　）。

　　A. 北方冬天，用热水来循环供暖

　　B. 初春傍晚在秧田里灌水可防止秧苗冻坏

　　C. 用水冷却汽车的发动机

　　D. 夏天给教室洒水，感觉凉爽

3. 根据教材第 12 页 "小资料"，下列给出的结论中正确的是 （　　　）。

A. 液体的比热容一定都比固体大

B. 质量相同的水和煤油，吸收相同的热量，煤油的温度变化大

C. 同一物质发生物态变化后比热容不变

D. 质量相同的铝块和铜块升高相同的温度，铝块吸收热量多

4. 如图 3－46 所示，在 "探究水和砂石的吸热性能" 实验中，有以下实验器材：两个完全相同的酒精灯、两个相同的烧杯、两支温度计、停表、适量的水和砂石。

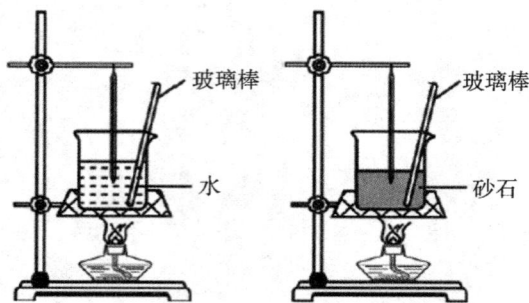

图 3－46

（1）因无法直接测量水和砂石吸收的热量，小明选择两个完全相同的酒精灯进行加热（目的是使水和砂石在相同时间内_____），通过_____（选填 "升高的温度" 或 "加热时间的长短"）来反映物质吸收热量的多少，这里用到的物理研究方法是_____。

（2）为了科学地比较水和砂石的吸热性能，小明选择如下方法：用两个完全相同的酒精灯加热_____（选填 "质量" 或 "体积"）相同的水和砂石，使它们升高相同的温度，通过比较_____来判断两物质的吸热性能。这里运用的物理研究方法是_____。

（3）在设计实验时，小明发现还缺少一样测量仪器，该测量仪器是_____。补全器材后进行实验，记录的数据如下表：

物质	次数	质量/kg	升高的温度/℃	加热的时间/min
水	1	0.1	10	4
	2	0.2	10	8
	3	0.1	20	8
砂石	4	0.1	10	1
	5	0.2	10	2

（4）分析第1、2次实验数据可知，同种物质升高相同的温度时，吸收的热量与物质的_____有关；分析第1、3次实验数据可知，同种物质的质量相同时，升高不同的温度，吸收的热量_____。

（5）分析第1、4次或第2、5次实验数据可知：质量_____的水和砂石升高相同的温度，水吸收的热量_____（选填"大于"或"小于"）砂石吸收的热量，_____的吸热性能好。

（6）物理学中引入_____来表示不同物质在吸热性能上的差异。

5.500g 的水，温度从 60℃ 降低到 20℃ 时，水放出多少热量？减少多少内能？

第八节 "电压"教学设计

一、教材分析

（一）概念的层级位置（图 3–47）

层级4：学科核心概念		能量（电磁能）
↑		
层级3：主题核心概念		欧姆定律
↑		
层级2：重要概念		电压

图 3–47

（二）课程标准要求及解读

知道电压、电流和电阻。通过实验，探究电流与电压、电阻的关系；理解欧姆定律；会使用电流表和电压表。

课标解读：此条第一点要求"知道电压、电流和电阻"，属于"了解"水平。这些概念较为抽象。学生对这些概念的认识是逐步深入的过程，不可能一步到位，一般可用类比法等方法引入，通过实验让学生了解相关概念的含义。

探究电流与电压、电阻的关系时，可以采用分组实验的教学形式，让学生体验和经历科学探究的过程，独立得出电流与电压、电阻的关系，学习科学探究方法，发展初步的科学探究能力，形成尊重事实、探究真理的科学态度。通过探索物理现象，揭示物理规律，并将其应用于生产生活实际，培养学生良好的思维习惯和初步的科学实践能力。

此条三级主题要求能正确地使用电流表和电压表进行测量和读数，能使用电流表和电压表探究电路。该内容在实验技能方面的要求较高。在教学实践中，教师可以让学生通过自己操作电流表和电压表，加深对电流表和电压表使用的理解与记忆。在教学形式上可以多进行一些实际操作和读数练习。通过学生实验活动、实例分析让学生感受电表在生产、生活中的广泛应用，突出科学探究、科学思维等核心素养的培养。

二、学生学情分析

（一）学生前概念

通过前面的学习，学生了解了电流、电路的一些基础知识，也掌握了电流表的使用方法，但在本节学习中还可能对于复杂电路的简化及对电流表、电压表测量对象的识别有困难。

前阶段的实验中发现灯泡的亮度有明暗之分，电路中的电流也有强弱之分。通过灯泡的电流大，灯泡发光亮；通过灯泡的电流小，灯泡发光暗。

（二）学生实验技能基础

会连接简单的串并联电路，会使用电流表测量电路中的电流。

（三）学生认知水平及习惯

学生处于从形象思维向抽象思维发展阶段，需要从直观形象的现象出发，通过思维加工实现概念的构建。

九年级学生已经具备从文本中获取直接信息的能力和小组合作探究的能力。

三、教学目标

第一，通过类比的教学方式，建立电压的初步概念，理解电压的作用，感受推理方法。

第二，在问题引领下，学生通过与电流单位的比较，能对电压的不同单位进行单位换算，记住干电池、家庭电路及对人体安全的电压值。

第三，经历电压表测量小灯泡两端电压的实验探究方案，掌握电压表的正确使用方法以及能够正确读数。

四、教学重难点

重点：建立电压的概念；正确使用电压表测量电压。

难点：电压概念的理解。

五、单课时概念层级划分

水平1：知道电压是电流形成的原因，电源是提供电压的装置。

水平2：知道灯泡的亮度和电流表的示数可以间接表示电路两端的电压大小。

水平3：知道电压表能测量电压的高低。

六、教学设计

知识主线	教学活动	设计意图
1. 电压概念	创设情境，引入新课 活动1：教师通过多媒体展示图3-48、3-49两个装置 思考的问题：打开阀门后，水会流动吗？为什么？ 进一步思考：如何使水流动？水流动的条件是什么？在这个过程中能量是如何转化的？ 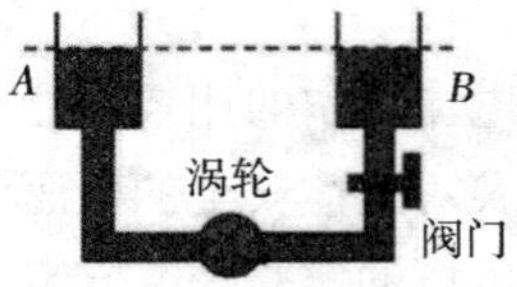 图3-48 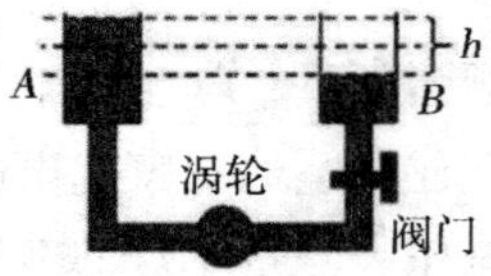　　　　　　图3-49 学生归纳：存在水位差时，水的重力势能转化为动能，水的流动就是因为存在水压。电流是电荷的定向移动，电荷的定向移动形成电流也需要"压力"——电压。 活动2：类比升华。 若使图3-50中水持续流动，可通过抽水机来保持一定的水压差，让水持续流动。如图3-51所示，电路中的哪个装置能够提供让电荷持续定向移动的压力？ 采用类比推理的方式提出电源可推动电荷的定向移动。电源在电路中起到提供电压的作用。电源工作时，将其他形式的能量转化成电能。电灯相当于"水路"中的"涡轮"，是消耗电能的装置，工作过程中将电能转化成光能和内能。开关相当于"水路"中的"阀门"，在电路中起到控制作用。	通过电路与水路类比，将抽象的电压概念具体化，突破学生的认知障碍。同时，帮助学生从能量的观点来认识电源和用电器，建立电压的概念。

（续上表）

知识主线	教学活动	设计意图
1. 电压概念	图 3 - 50　　　　　图 3 - 51	
2. 电压的概念（概念、单位及单位的转换）	活动 3：阅读教材第 56 页，了解常见的电压值，对电压的高低有朴素的认识和感知。了解电压的单位，会进行单位的转换。 **常见的电压** 	电源或用电器	电压/V	电源或用电器	电压/V
---	---	---	---
维持人体生物电流	约 10^{-3}	我国的家庭电路	220
干电池	1.5	无轨电车电源	550 ~ 600
电子手表用氧化银电池	1.5	电视机显像管	高于 10^4
手机电池	1.5	闪电时云层间	可达 10^6		
3. 电压表的使用及读数	活动 4：自学电压表使用方法。 阅读教材第 57 页中直流电压表的使用方法，学习电压表的使用方法。 （1）你从阅读中获得的电压表的使用方法： _____ （2）两人一组测量小灯泡两端的电压。 ①一节干电池、电压表、一个小灯泡、开关； ②两节干电池、电压表、一个小灯泡、开关。 （3）展示环节。 两名学生代表在黑板上演示，向全班学生展示电路连接的全过程，改变电路之前应先断开开关再连接电路，以此矫正学生常见的错误操作：学生在仅有两节干电池的情况之下，未对电压有正确的预判。试触 15V 的量程，再进行实验。	基于电压表不易损坏电路的特点，自主阅读并探索使用方法，培养自主学习能力和实践操作水平。用展示、纠错的学习

（续上表）

知识主线	教学活动	设计意图
3. 电压表的使用及读数	（4）电压规律探索。 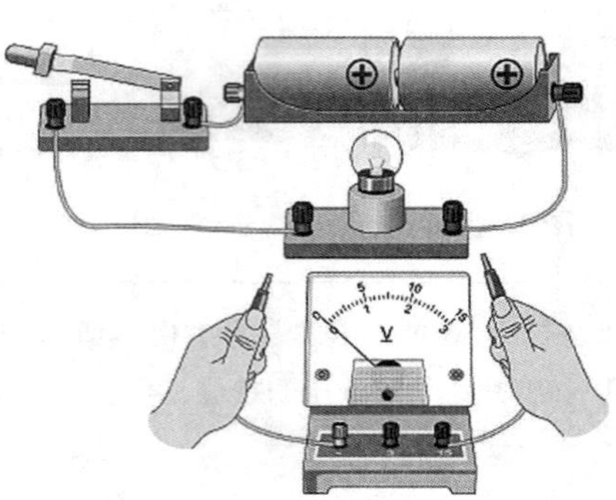 图 3 - 52 用如图 3 - 52 所示的电路，分别测量用电器两端的电压。在只有一个用电器的电路中，读取用电器两端的电压示数＿＿＿＿＿＿＿V，再将电压表接在电源两端，接通电路，读取的数据是＿＿＿＿＿＿＿V，并进行交流。 实验结果表明，电压表两次的示数是相等的，即在只有一个用电器的电路中，用电器两端的电压与电源电压相等。	方式培养学生的合作意识。 通过探索实验，巩固电压表的使用技能。能够自主发现规律，加深对概念的理解。
4. 巩固小结	从以下维度反思本节课的收获： （1）在知识方面，你有哪些收获？ （2）你是如何习得电压概念的构建、电压表的使用方法、电压表的读数方法的？在前面的学习中是否也运用了同样的学习方法？	

七、教学评价

（一）当堂检测

1. 学生学习电学知识时，在教师的引导下，联想到如图 3 - 53 甲所示的力学现象，进行类比并找出类似规律。下列类比不正确的是（　　　）。

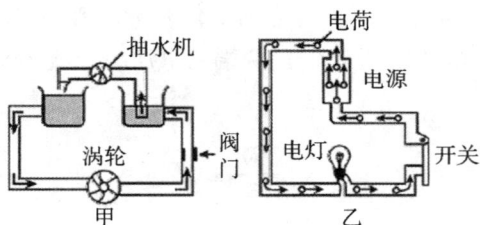

图 3 – 53

A. 水压使水管中形成水流——电压使电路中形成电流

B. 抽水机是提供水压的装置——电源是提供电压的装置

C. 涡轮工作时消耗机械能——电源工作时消耗电能

D. 抽水机给水流提供能量——电源给电路提供能量

2. 如图所示，当开关闭合时，电压表能测出灯 L_1 两端的电压的是（　　）。

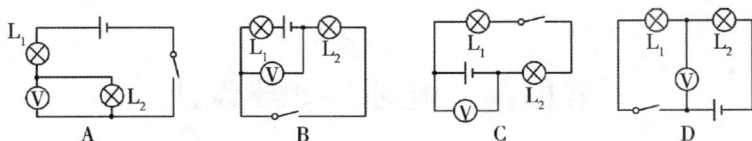

3. 小明将一块铜片和一块锌片插入番茄中，制作了一个水果电池，然后将它与一个 LED 灯接到一起，LED 灯发光了。于是，他想用电压表测量这个水果电池的电压大小（如图 3 – 54 所示），则这个电池的电压为_____V，铜片端为该电池的_____极。

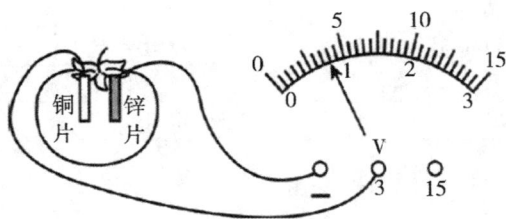

图 3 – 54

4. 图 3 – 55 为实物电路，请用笔画线代替导线按要求完成电路连接。要求：灯 L_1、L_2 串联，电压表测量灯 L_1 两端的电压，导线不交叉。

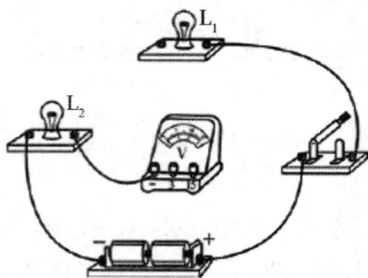

图 3 – 55

（二）课后作业

实验：请同学们自行查阅资料制作一个水果电池。

第九节　"电阻"教学设计

一、教材分析

（一）概念的层级位置（图 3 – 56）

层级4：学科核心概念	能量（电磁能）
层级3：主题核心概念	欧姆定律
层级2：重要概念	电阻

图 3 – 56

（二）课程标准要求及解读

知道电压、电流和电阻。通过实验，探究电流与电压、电阻的关系。理解欧姆定律。

课标解读：此条第一点要求"知道电压、电流和电阻"，属于"了解"水平。这些概念较为抽象，学生对这些概念的认识是逐步深入的过程，不可能一步到位，一般可用类比法等方法引入，通过实验让学生了解相关概念的定义等。

电压、电流和电阻是电学的核心概念，教学中应创设必要的情境，帮助学生认识这些概念建立的必要性，指导学生体验概念的建立过程。电阻概念的引入，应基于实验现象的分析和思考，如不同电阻接入电路时灯泡的亮度不同等。

二、学生学情分析

（一）学生前概念

通过"两种电荷"的学习，学生通过演示实验了解到物体从导电性能的角度可以分成导体和绝缘体，但对不同材料的导电能力既缺少感性认识也缺少理性分析。

有的物体容易导电，叫作导体。金属、人体、大地、石墨、食盐水溶液等都是导体。有的物体不容易导电，叫作绝缘体。橡胶、玻璃、塑料等都是绝缘体。

实验中发现灯泡的亮度有明暗之分，电路中的电流也有强弱之分。通过灯泡的电流大，灯泡发光亮；通过灯泡的电流小，灯泡发光暗。

（二）学生实验技能基础

认识到"控制变量法"和"转换法"是初中物理实验的两种常用方法。80%的学生能根据实验需要灵活使用这两种研究方法。

（三）学生认知水平及习惯

学生处于从形象思维向抽象思维发展阶段，需要从直观形象的现象出发。通过思维加工实现概念的构建，具有初步的自学能力（从文本中获取直接信息的能力）和小组合作探究的能力。

三、教学目标

第一，通过演示实验了解电阻概念建立的必要性，了解电阻的意义，有初步的辩证观。

第二，通过阅读文本知道电阻的标准单位和常用单位，并能进行换算。

第三，通过探究影响电阻大小的因素活动，进一步体会"控制变量法"和"转化法"，提高实验操作技能，认识电阻的大小与导体的材料、长度和横截面积有关。

四、教学重难点

重点：电阻概念的建立。

难点：知道影响导体电阻的大小。

五、单课时概念层级划分

水平1：知道不同的物体的导电能力是不同的。

水平2：知道灯泡的亮度和电流表的示数可以间接表示电阻的大小。

水平3：知道电阻是表示导体对电流阻碍作用大小的物理量。

水平4：知道电阻的大小与导体的材料长度和横截面积有关。

六、教学设计

知识主线	教学活动	设计意图
1. 电阻概念构建的必要性	创设情境，引入新课 活动1：观看短视频《买电线的小故事》 小明是个好动脑筋的物理迷。有一天，小明家装修房子，电工师傅叫小明爸爸要多买点铜线。小明听到了，他听说过铜线很贵，而铁较便宜，于是他心生一计，就对爸爸说："爸爸，不要买铜线，铜线太贵了，铁也是导体，又便宜，我们买铁线吧。"电工师傅听了摇摇头，说："小明你错了，哪有用铁做的电线呀！你回学校还要好好学学物理。"小明皱着眉头说："我错了吗？难道铁线不能做电线吗？"	通过简短的视频引发学生思考导电能力是否有差异，激发学生的探究欲。

（续上表）

知识主线	教学活动	设计意图
1. 电阻概念构建的必要性	演示实验：接入不同导体灯泡亮度不同（图 3-57） 通过前面的学习我们了解到容易导电的物体称为导体，不同的导体导电能力是否相同？你如何设计实验进行验证？以小组为单位形成实验方案再进行实验，实验时请记录实验现象，思考该现象说明了什么。 （1）实验方案： _____ （2）实验现象： _____ （3）实验现象分析： 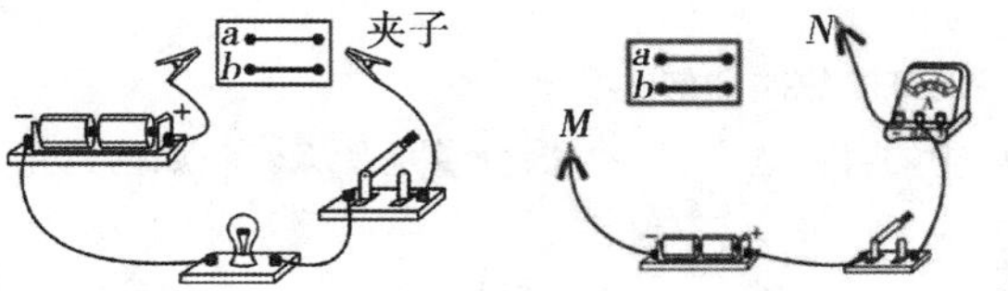 _____ 图 3-57 通过学生交流实验现象及结论：不同的导体，导电能力是不同的。为了描述导电能力的不同，需要引入电阻这一概念。	经初步探究实验，获得不同导体的导电能力是不同的认识。同时增强实证意识和动手能力。
2. 电阻的概念（概念、单位及单位的转换）	文本阅读：阅读教材完成导学问题 活动 2：学生阅读教材第 63、64 页电阻部分，尝试回答下列问题： （1）什么是电阻？用哪个字母表示？ （2）电阻的国际单位是什么？用哪个字母表示？常用单位是什么？ （3）24 000Ω = （　　　　　）kΩ = （　　　　　）MΩ。 （4）电路中电阻元件的符号是什么？ 交流展示：	通过自主阅读获取简单的信息，会用获取的信息解决实际问题。

（续上表）

知识主线	教学活动	设计意图
3. 探究影响电阻大小的因素	探究实验 影响电阻大小的因素（如猜想、设计、实验、展示、交流、评估）： （1）提出问题：导体的电阻的大小与什么因素有关？ （2）猜想与假设：＿＿＿＿＿＿＿＿＿＿＿＿＿＿ （3）设计实验的方案： ［合作探究］小组合作完成实验设计环节，解决下列问题： | 研究因素（自变量）	因变量	不变量
		| ①实验的基本思路如何？ ②实验中的自变量有哪些？因变量是什么？该如何运用控制变量法？ ③实验的数据表格如何设计？ （4）小组合作完成实验（图3-58）： 实验分工：1、2、3组完成探究导体的电阻是否与导体的材料有关；4、5、6组完成探究导体的电阻是否与导体的长度有关；7、8组完成探究导体的电阻是否与导体的横截面积有关。 汇报交流：演示实验后用简洁规范的语言描述实验现象和结论。 图3-58	经历完整的探究过程，培养学生基于生活感知提出猜想的能力、初步设计实验的能力、根据实验现象分析论证的能力。

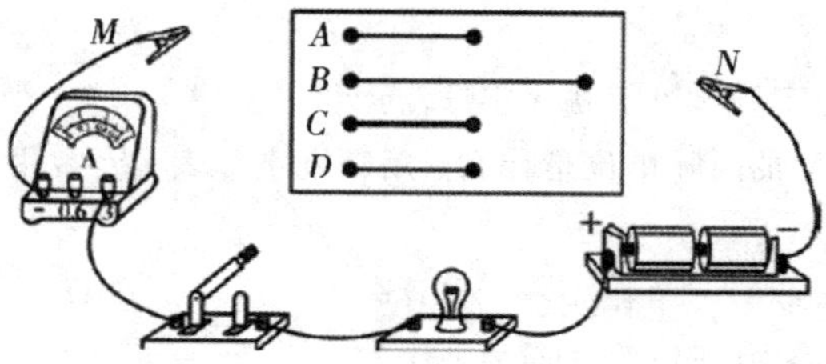

（续上表）

知识主线	教学活动	设计意图
3. 探究影响电阻大小的因素	（5）归纳结论： _____， _____ （6）实验评估： _____， _____	
4. 巩固小结	通过本次课，学生已经对电阻有了一定的认识，师生共同从以下维度反思本节课的收获： （1）提出了什么研究问题？ （2）设计了什么实验方案？ （3）经历了什么过程得到的规律？ （4）遇到了什么问题，又是如何解决的？ （5）实验过程中需要注意哪些问题？	以电阻学习作为载体，梳理在知识、方法、交流、合作等维度的收获。

七、教学评价

（一）当堂检测

1. $0.2M\Omega =$ _____ $\Omega =$ _____ $k\Omega$。

2. 导体的电阻是导体本身的一种性质，它的大小（　　）。

A. 只决定于导体的材料　　　　B. 只决定于导体的长度

C. 只决定于导体的横截面积　　D. 决定于导体的材料、长度和横截面积

3. 图 3 - 59 所示是研究导体的电阻大小是否与导体材料有关的电路。其中除了 AB、CD 导线的长度相同外，还应满足的条件是（　　）。

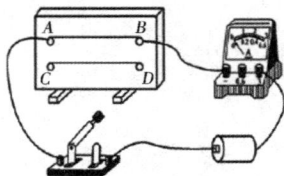

图 3 - 59

A. 横截面积不同，材料不同　　　　B. 横截面积相同，材料不同

C. 横截面积不同，材料相同　　　　D. 横截面积相同，材料相同

4. 两条粗细相同、电阻相等的铜导线和镍铬合金线的长度是（　　　）。

A. 铜导线长些　　　B. 镍铬合金长些　　　C. 一样长　　　D. 无法确定

5. A、B 两根完全一样的导线，长度都是 1m。把 A 剪去一半，剩下的一半跟 B 相比，哪个电阻大？把 A 剩下的一半再拉长到 1m，跟 B 相比，哪个电阻大？

（二）课后作业

拓展实验（2 选 1 完成）

实验 1：小明想利用一段废旧的灯丝完成探究导体的电阻是否与导体温度有关。

实验 2：小明把定值电阻和热敏电阻（电阻值随温度变化明显）弄混了，请你用实验鉴别出来。

请列出实验器材、画出实验装置图、写出实验步骤。有条件进行实验的同学请进行实验并完成实验报告。

附　录

基于学习进阶的物理概念教学设计初探
—— 以人教版"磁现象磁场"为例

摘　要：学前诊断确定概念学习的进阶起点，通过典型实验、纵横整合的实验设计拾级而上，实现概念进阶终点，通过核心概念的进阶学习在课堂教学中实现核心素养的培养目标。

关键词：核心素养；进阶设计；磁场实验

"磁现象磁场"是初中物理电磁学的基础与启蒙。磁场是全章核心，也是贯穿全章的主要线索，更是高中电磁学的重要基础。由于学生直接经验与认知水平的局限，实验技巧不足，抽象内容具体化的研究方法缺失，传统教授式和拘泥于教材演示实验的学习方式使学生难以构建磁场概念。学习进阶是对学生在各学段学习同一主题概念时所遵循的连贯的、典型的学习路径的描述，一般呈现为围绕核心概念展开的一系列由简单到复杂、相互关联的概念系列，是对"应该为学生设定怎样的学习路径"这个问题的探索。基于学习进阶的教学设计理论是物理学科知识与素养的通道。在此理论的指导下，笔者对"磁现象磁场"的教学内容作了一些尝试，以期渐进实现物理学科核心素养的培养目标。

1. 学前诊断，理清进阶起点

通过小学科学课的学习，学生已有磁铁可以吸引铁的前概念，也了解到生活中的饭卡、银行卡、校卡等都是用磁来记录个人信息的。但由于知识过于零碎，学生基础参差不齐，准确定位起点是本节课的重要一环。笔者设计了如下课前学习内容帮助学生认识简单的磁现象，借此了解学情，确定教学目标。课前学习内容清单如下：①生活中哪些物体含有磁铁？②用磁铁任意去靠近你身边的物体，看看它能吸引哪些物体，并分析这些被吸引的物体是哪种材料做的？③用磁铁的不同部位去靠近同一个五角硬币，是不是每个部位都能将硬币吸起来？用磁铁去吸引平铺在桌面上的大头针，观察哪个位置吸引的数目多。从这两个小实验中你有什么发现？④将磁铁用细线悬挂起来，让其自由旋转，观察静止时指示什么方位（判断方位时可以借助手机中的指南针功能）。重复实验3次以上，每次的指向都一样吗？

【设计意图】通过家庭系列小实验诊断学生对磁铁、磁现象的认知层次，完善学生对磁现象的认知。在认知方面，了解到磁体能够吸引含有铁钴镍等物质的物体，磁体不同位置的磁性强弱不同，磁体静止时指示南北方向等知识；在能力方面，通过实验培养学生的动手操作能力、观察能力及实验设计能力；在思维方面，培养学生从现象归纳演绎至结论的能力。

2. 利用典型实验，实现层级跃迁

磁场是学生接触的第一个"场"概念。"场"这种物质形态，看不见、摸不着，学生缺乏相应的直接经验与感受，概念的构建难度大。研究磁场的探究实验涉及方法较多，实验技巧性较强，实验设计能力要求较高，能有效促进学生科学探究和科学思维能力的提高。九年级的学生有强烈的求知欲，喜欢动手实验，但抽象概括能力与空间想象能力不足，直观的实验现象、巧妙的研究方式是促进学生拾级而上达到终点的有效途径。

（1）感知磁场的存在。

实验设计：用磁极间相互作用规律感知磁场的存在。

①将两个条形磁铁分别放在小车A、B上，小车A、B相距5厘米，小车上的两个磁铁N极相对，同时松手，观察小车的运动状态；

②将两个条形磁铁分别放在小车A、B上，小车A、B相距5厘米，小车上的两个磁铁S极相对，同时松手，观察小车的运动状态；

③将两个条形磁铁分别放在小车A、B上，小车A、B相距5厘米，小车上的两个磁铁为N、S极相对，同时松手，观察小车的运动状态。

【设计意图】直观的实验现象是同名磁极相互排斥、异名磁极相互吸引，由实验现象引导学生进行思维加工，物体运动状态的变化是因为受到了力的作用。这个吸引或排斥的力就是磁场力，而力不能脱离物体存在，不接触物体之间相互作用力产生的原因就是"场"的存在。由此得出磁体的周围空间存在着一种特殊的物质——磁场。

（2）初识磁场的方向强弱。

实验设计1：用小磁针研究磁场某点的方向和强弱。

在桌面放一张胶片纸1，在胶片纸1上放一根条形磁体，用笔标记磁体的位置及N、S极。步骤1：将小磁针放在磁体N极附近，观察并标记小磁针N极的方向和偏转幅度；步骤2：更换另一个小磁针重复步骤1；步骤3：将小磁针放在磁体S极附近，观察并标记小磁针N极的方向和偏转幅度；步骤4：将小磁针放在磁体中部，观察并标记小磁针N极的方向和偏转幅度；步骤5：将小磁针放在磁体附近任何位置，观察并标记小磁针N极的方向和偏转幅度。

实验设计2：用铁屑观察一个平面的磁场特点。

将一根条形磁体放在桌面，取胶片纸2放在条形磁铁上，用笔在胶片纸2上标记出磁体的位置及N、S极。在胶片之上均匀撒上一层细铁屑，轻轻敲击胶片纸，直至铁屑不动，观察铁屑的排列情况，并用一些曲线将实验结果描画出来。

实验设计3：用立体磁场演示仪观察磁体周围空间磁场特点。

将条形磁体放入立体磁场演示仪中，观察小磁针的排列情况，并试着用一些曲线将实验结果描画出来。

【设计意图】用不同小磁针在磁场同一位置的受力方向（N极指向）、强弱（偏转幅度）相同，感知磁场的固定位置，磁场强弱方向不变；用小磁针在磁场不同位置的受力方向，强弱不同，感知磁场各点的强弱和方向不同；用铁屑的分布排列感知每个点的磁场连接起来就是一条条曲线；用立体磁场演示仪感知磁场存在于磁体周围整个立体空间。直观形象的由点到面再到体，认识到磁场是存在于磁体周围空间的一种特殊物质，且每个点的磁场强弱和方向均不同。从无形到有形，从平面到立体，从具体到抽象，从学生探究到多媒体展示，从个人自主学习到小组合作，逐层深入，阶梯推进，有效突破重难点。

（3）认识磁场的工具——磁感线。

将胶片纸1、2中所画条形磁体部位重合，观察描绘的曲线及落在线上的点的N极指示方向，发现某点磁场的方向即曲线的切线方向。对比磁体磁性强弱和曲线的疏密程度，发现磁性强的地方曲线密集，磁性弱的地方曲线稀疏，即曲线的疏密程度可以间接表示出磁性的强弱。通过相似性认识到可以用有形的曲线来描述无形的磁场。这些构建出来的曲线即磁感线。磁感线并不存在。它只是研究磁场的工具。这种研究方法即建模法，体现了物理研究中的建模思想。

【设计意图】借助实验现象的记录和分析整合，让学生感受到磁感线是描述磁场的有效工具，同时对学生进行科学方法和科学思维的教育；将无形的场有形显示，将无形的方法和思维培养落实在实验现象的分析处理中。

3. 进行纵横整合，实现进阶终点

概念的纵向整合是指在同一单元或模块中以学生认知水平为基础，以促进对核心概念的逐级深入和持续发展的整合设计；横向整合是指不同单元或模块中的同类概念的拓展延伸，以促进核心概念构建的整合设计。从纵向认识地球的磁场和横向了解重力场两个维度设置课后思考问题，促进学生将所学到的知识和方法运用于获取新知识新探究之中，将相关知识内容整合起来，最后形成模块化的概念体系。

（1）纵向整合，认识地磁场。

拓展思考题：当周围没有其他磁体时，小磁针静止时总是指示南北方向，任何磁体悬挂起来让其自由旋转静止后都是指示南北方向，相同的现象揭示了地球本身也是一个磁体，我们把地球周围存在的磁场称为地磁场。请你根据小磁针静止时的指向分析地球这个磁体的南北极分别在什么位置，并尝试画出它周围的磁感线，标出磁感线的方向。

（2）横向整合，认识重力场。

拓展思考题：小明根据"小磁针在地球周围会受到磁力的作用，说明地球周围存在磁场"，从而猜想在地球周围也可能存在某种"重力场"。

①小明猜想的依据是_____。

②同一物体在月球上受到的重力大约是地球的六分之一，推测月球上的"重力场"比地球的要_____（填"强"或"弱"）。

③根据条形磁铁的磁场分布，小明推测重力场最可能是图 1 中的哪个图_____。

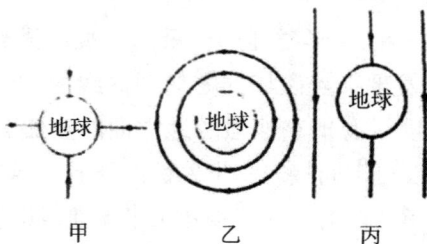

图 1

【设计意图】通过纵向思考地磁场的特点强化对磁场知识的理解，横向思考重力场能潜移默化地感知"场"的存在。通过知识和研究方法的迁移训练以实现知识和技能的融合，将零碎的知识模块化，进而实现高效学习模式和思维模式。

"感受磁现象—探究磁场本质—构建磁场模型—应用磁场知识"的教学设计为学生提供了学习磁场的有效路径。通过实验现象和逻辑分析认识到场是一种特殊的物质，磁场对放入其中的磁体有力的作用，从而渗透物质观和相互作用观。通过磁场的存在、特点、显示等问题的探究，学生经历了探究的过程，收获了探究能力，领会了建模的思想，体验了成功的喜悦。课后思考问题促进学生由单一概念走向核心概念的学习和探究，培养整合的意识和能力。由古代司南的发明到沈括发现磁偏角，再到今天磁体的广泛运用，激发学生的民族自豪感和用科学知识服务社会的责任感。

参考文献

［1］喻杨依琳，陈卫东．高中物理教学生活化的研究：以电磁学为例［J］．中小学实验与装备，2019，29（2）：30–31.

［2］李光宇．学习进阶理论下的"磁现象"教学案例研究［J］．中学物理教学参考，2019，48（C1）：14–17.

［3］梅建芬．基于学科核心素养培育的教材解读与设计优化：以苏科版物理"磁体与磁场"为例［J］．物理教师，2019，40（3）：11–14.

［4］万建军．初中物理翻转课堂教学探索：以"磁体与磁场"为例［J］．物理教学探讨（中学教学教研版），2017，35（6）：64–68.

［5］柳得余．顺应学生认知规律　提质初中物理教学——"磁体与磁场"教学观摩有感［J］．中学物理教学参考，2019，48（22）：63.

备注：本文发表于《中学物理》2020年第5期，作者为尤小蓉（湛江市港城中学）

基于核心素养导向下的渐进式实验进阶

——以 "大气压强实验" 为例

摘　要：物理实验可以帮助学生直观理解物理概念，启发学生形成积极思维，是训练学生掌握思维方法的重要手段。物理实验对学生理解科学本质以及促进学生核心素养的发展有着重要的作用。但在课堂教学中不重视实验教学或只关注实验数据和结果的现象普遍存在。本文以 "大气压强" 课堂实录为例，从演示实验、学生自主实验、户外实验三方面探讨实验教学如何落实核心素养的有效途径。

关键词：核心素养；实验教学；大气压强

　　物理是一门以实验为基础的学科。物理实验对物理学习具有重要的意义。它可以帮助学生直观理解物理概念，启发学生形成积极思维，训练学生的思维方法。物理实验对学生理解科学本质以及促进学生核心素养的发展有着重要的作用。但在日常教学过程中，实验教学是教学环节中最薄弱的部分，演示实验代替分组实验、视频观看代替实验操作的现象屡屡发生。即使是在实验条件较好的学校，实验教学的课堂上更多关注的是实验现象的展示和实验操作，忙于得出结论，而忽视在实验设计操作与数据解释中科学思维能力的培养。学科素养成为教师眼下的 "空头文件"，不利于学生的长远发展。本文以 "大气压强" 一课的实验为例，从演示实验、学生自主实验、户外实验三方面探讨实验教学如何落实核心素养的有效途径。

教学环节一：教师演示实验引入新课

　　师：这是一根小试管，倒插在装满水的大试管中，现在将它们倒置过来，你猜猜会发生什么现象？

　　生：我觉得小试管会掉下来，大试管中的水都会流下来。

　　师：为什么？说说你猜想的理由。

　　生：它们都受重力的作用，重力的方向竖直向下，所以水会流下；小试管有重力，水对它又有向下的力，所以会掉下来。

　　师：分析得很有道理，事实真的是这样吗？我们拭目以待。

　　（教师演示实验）

　　师：你能描述一下刚才看到的现象吗？

　　生：我看见倒过来后大试管中的水真的流出来了，而小试管却上升到了大试管的顶端。

师：事实和我们猜想的不一样。大家思考一下，产生这个现象的原因是什么？可以相互交流讨论一下。

（学生思考片刻后讨论）

生：我们组是根据物体的运动来分析它的受力情况的。小试管向上运动应该是受到了向上的力，并且这个力比它受到的重力和水对它作用的压力都要大。我们认为这个力的施力物体是大气。

师：思路清晰，逻辑严谨，为你们点赞。我们一直生活在大气中，习惯了它的存在，所以往往忽略了它，可它却真实地存在。这就是大气压力。

【设计意图】小魔术演示实验中运用先猜想后实验的教学步骤，调动学生参与的积极性，增强了实验结果与感知经验的对比度，激发了学生学习和探究的欲望。尝试对实验现象进行原理分析，提高学生利用已有知识解决新问题的意识和逻辑分析的能力。

教学环节二：学生自主设计实验验证大气压存在

师：大气压客观地存在于我们生活中的各个角落，你能举例说明并利用一些简单器材再现情景或设计一个小实验验证大气压的存在吗？

请自主选择实验箱中的器材设计并完成实验。

生1：生活中常用的塑料吸盘挂东西就是利用了大气压的原理。先把这块板擦干净，然后用力把吸盘挤上去，这样就可以挂住东西。

师：不错，当吸盘朝向发生变化后，重物会掉下来吗？请你演示一下。

（学生演示）

生1：没有掉下来。

师：那你觉得是什么原因呢？

生1：我觉得是大气朝各个方向都有压强，和液体压强有同样的特点。

师：推测得很有道理。大气和液体一样具有流动性，所以它朝各个方向都有压强。还有其他的展示吗？

生2：我把塑料瓶里装了一些热水，摇晃几下，迅速倒掉水并塞紧瓶盖，发现瓶子变瘪了，还听到了被压瘪时"啪啪"的声音。我觉得是大气压把它压瘪的。

师：为什么要先装热水？

生2：装了热水后又迅速倒掉，瓶子中的大量水蒸气液化后导致瓶子里面的气压变小。这样外面的气压大于里面的气压，瓶子就变瘪了。

师：很好，这个例子也证明了大气压的存在。还有吗？

生3：用吸管吸饮料，先吸掉了管中的空气，管中的气压小于大气压，饮料在大气压的作用下就上升并进入嘴里了。

师：不错，这是生活中常用大气压的一个实例。还有吗？

生4：我们把杯子里装满水，然后用一张纸盖住了杯口，倒过来后纸没掉下来，水也没有流出来。我认为也是大气压的作用。

师：你能具体地分析一下其中的原理吗？

生4：杯子中的水受到重力作用，对纸有向下的压力，纸也受到竖直向下重力的作用，可纸没有掉下来，应该存在一个向上的力，至少大于水对纸的压力。与纸接触的只有空气，所以应该是空气施加的压力，也就是大气压力，说明大气存在压强。

师：前面的同学利用吸盘证明大气向各个方向都有压强，你能用这个实验验证一下吗？

生4：（边操作边讲解）我把杯口分别朝向左、右、斜上方、斜下方，纸都没有掉下来，这说明大气向各个方向都有压强。

师：你的演示和讲解真棒。从上面大家介绍的实例和小实验中我们认识到，大气也是有压强的，这就是我们常说的大气压。大气具有流动性，所以它朝各个方向都有压强。

【设计意图】让学生利用生活经验和生活中的物品设计低成本实验来证明大气压的存在，认识大气压的特点。实验器材来源于生活中随手可得的物品。实验现象是大家熟悉的生活场景，较好地体现了从生活走向物理、从物理走向社会的新课程理念。实验的器材简单，操作简单，效果明显，增强了实验的说服力。自主设计的过程大大激发了学生的探索热情，调动了学生的主动性和创造性，对于提高学生的观察思考能力、动手能力及实践能力都会起到事半功倍的效果。

教学环节三：师生协同户外实验测量大气压

师：刚才我们看到大气压托起了一杯水，也可以说大气压比这么多水的压强大，它能托起1米高的水吗？哪位同学愿意试一试？

（学生用1米长的试管演示覆杯实验）

师：从刚才的实验来看，大气压仍然大于1米的水柱产生的压强，大气压究竟有多大呢？你们觉得该怎么测量呢？

生：测它最多可以支撑多高的水柱，这个最高的水柱产生的液体压强就等于大气压。

师：你的想法不错。如果这样就需要很多个试管依次去尝试测量，有没有简单的办法呢？请小组内相互讨论和交流一下。

生：我们小组的方案——找一个很长很长的管子，里面装满水，然后把它竖直地悬挂起来，一端放在装水的水盆中，如果长管里的水对水盆水面处的压力大于大气压时，管里的水就会流出去，管里的水不流了，就说明管中水的压力等于大气的压力，受力面积与管子的横截面相等，所以水产生的压强就等于大气压强。

师：大家有疑问吗？如果没疑问我们就借助刚才的思路去亲自测量一下学校操场上的气压。器材有水槽、水、11 米长且一端封口的胶管、卷尺及绳子等。

（师生协作户外实验）

户外实验：教学楼地面至四楼间垂挂卷尺，地面处为零刻度。将一端封口注满水的胶管用绳子提升封口端直至处于垂直状态，未封口端浸没在水盆中。待液面稳定后，读出液面对应的高度。此时的液面高度是 10.1 米。

师：你们能计算出此时学校的大气压强吗？请在草稿纸上进行演算，常数 g 取 9.8N/kg。

（学生演算，演算结果：98 980Pa）

师：我们再反思一下刚才的测量实验，你觉得有什么不足之处？

生 1：操作不方便，从组装到完成实验需要的人手多，准备较麻烦。

生 2：装这么多的水容易混进空气使测量结果不准确。

生 3：我们使用的刻度尺分度值比较大，数据误差会大一些。

师：那如何解决这些问题呢？

生：换用密度比水大的液体，这样既可以节约器材，操作也会方便一些。

师：那你建议使用哪种液体呢？

生：密度最大的液体。

师：请你们查一下密度表，看看哪种液体的密度最大。

（生查密度表）

生：水银的密度是 $13.6 \times 10^3 kg / m^3$，它的密度是水的 13.6 倍。

师：想法很棒。其实早在 1643 年，托里拆利就用水银完成了这个测量，因为水银有毒，所以我们借助视频材料来了解一下托里拆利实验测量大气压强的过程。

【设计意图】经历由已知的实验现象到未知的实验设计和分析，充分理解利用液体压强测量大气压强的实验原理及方法。通过师生协同实验增强学生的实验动手能力和同学间的合作交流意识，通过教师不断追问如何做、为什么这样做、是否还有其他思路等带有启发反省认知的问题，引导学生反思知识是如何得出的。将科学探究的重心放在实验设计、操作及评估这些环节，有利于提高学生的科学探究能力和科学思维能力。

教学环节四：视频演示托里拆利实验

师：我们刚才从视频中看到用水银测出的大气压是 760mm 的水银柱产生的压强。请大家算算究竟是多少呢？

生：1.013×105 帕斯卡。

师：为什么会不一样呢？

生1：我觉得是实验误差的原因。不同器材有不同的操作方式，我们用水简单测量测得不准。

生2：我看过其他材料，大气压不是一个固定值，它受天气、季节、高度等因素的影响。刚才我们测的是我们学校操场此刻的大气压，而视频中是标准大气压，所以会不一样。

师：两位同学分析得都有道理。尤其是第二位同学，你还总结出了影响气压的因素，很棒。那你能给大家科普一下大气压还与哪些因素有关吗？

生2：大气压强与空气的温度、湿度及海拔高度都有关系。一般情况是晴天的大气压比阴天高，冬天的大气压比夏天高，海拔越高的地方大气压越小。大气压的变化还会影响水的沸点。

师：感谢你和大家分享这部分的知识。我们回想一下"观察水的沸腾"这个实验，当时我们测出的结果都不是100℃，结合刚才所学的知识，你觉得原因可能是什么？

生1：大气压低于标准大气压，在学习"温度"时教材上明确限定了在一标准大气压下，水的沸点才是100℃。气压低于标准大气压时水的沸点也低于100℃。

生2：老师，我觉得不对。当时测量水的沸点时的气压不能以今天我们测量的气压来简单代替。原因有两个：一是刚才的测量有误差；二是条件变化了，气压应该也发生了变化。

师：非常棒！能严谨地去思考实验环境对实验的影响。那请你说说要想验证沸点低于100℃是不是因为气压？怎么办？

生2：做观察水的沸腾的实验时，先测量一下大气压。

师：用托里拆利实验吗？

生2：当然可以。

师：可是有些费事费时。

生3：用气压计，教材上有介绍。

师：大家很棒！一方面有了实验时要考虑实验环境的意识，另一方面知道通过阅读文本和学过的知识寻找信息解决遇到的问题。其实科学家在进行实验的时候也会严格地记录气压、湿度、温度等因素。你们在刚学物理阶段就能有这种严谨的科学态度，真值得老师敬佩和骄傲。

师：请同学们自己阅读文本，自学空气盒式气压计相关内容，如果看不懂有疑问，可以小组内相互探讨。

（学生自学、互学）

师：气压计可以方便地测量出大气压强。其实它也可以改装成高度计或者是灭火器上的压力表等，请大家课后继续研究它的原理，并尝试思考你有什么设计和创新。今天课后的研讨内容有两个：一是通过查阅资料了解高度计和压力表相关物理原理，用通俗易懂的语言整理出来；二是设计实验探究大气压强与天气有关，写出探究实验的器材、方法。

课后反思：这是一节效果较好的物理实验课。教学设计由简到繁、由易到难、由内到外、由现象到本质，新旧相连，层层推进，一气呵成。对于不具备演示条件的托里拆利实验，利用观看视频的学习方式，进一步理解实验原理、熟悉操作方法，通过对比计算结果感知大气压强是变化的。通过联系以前学过的知识"水的沸腾"，让学生学会用新知识去整合完善旧知识的方法，并以此形成正确的物理观念；同时让学生意识到大气压强会影响其他物理量的测量，培养严谨的科学态度。通过了解空气盒式气压计和高度计压力表激发学生的创新意识。

课外小实验是学生自己设计、自己寻找实验用品、自己动手、自己总结的简单易做的实验。它加深了物理知识与生产生活的联系，为学生提供了大量动手机会，弥补了课堂教学的不足，培养了学生的实践能力。

实验是学生学习"大气压强"的主线。通过一系列的演示实验、自主设计实验、户外实验、课后实验，让学生积极参与到教学活动中，提高了学生的学习积极性，形成了正确的物理观念；在探究活动中提高了科学探究能力，在设计质疑中培养了学生科学思维能力，较好落实了新课程的三维目标，提升了学生的学科核心素养。

参考文献

[1] 吴存华. 深于核心素养 导以体验支架——指向高中物理核心素养的深度学习策略 [J]. 物理教学探讨，2019，37（11）：14–18.

[2] 傅广生，王辉. 基于科学思维培养的物理课堂教学创新与优化：以"大气压强"教学为例 [J]. 中学物理教学参考，2019，48（21）：10 - 14.

[3] 高振坡. 初中物理实验教学的探索与实践 [J]. 湖南中学物理，2018，33（10）：48 - 49，53.

[4] 李释加. 从"头脑风暴"谈物理实验的渐进式学习 [J]. 物理教学探讨，2012，30（2）：46 - 47.

[5] 吕斯骅，段家怠，冯庆荣. 面对现实 增强基础 循序渐进 全面提高：北大物理实验教学改革的思路和实践 [J]. 大学物理，1998（9）：32 - 35.

备注：本文发表于《中学物理》2020 年第 2 期，作者为尤小蓉（湛江市港城中学）

基于学习进阶的 "电功率" 教学设计

摘 要："电功率"是初中物理电学教学中的一个重要概念，也是一个抽象的概念，需要学生逐渐深入地理解。学习进阶，又称学习过程，是近年来教育改革中的一个新概念。本文通过对教材的分析、对学生学习情况的分析以及概念层次的划分，提出了基于学习进阶的 "电功率" 课程的教学设计。

关键词：学习进阶；电功率；教学设计

概念课是初中物理课程的基础，是学生发现物理现象、认识物理概念、掌握物理规律、形成物理思维的基础。学生学习物理概念的过程是在原有认识和经验的基础上逐步学习的过程。学习进阶理论正是一种用来培养学生物理进阶思维模式的理论。

美国国家研究理事会（NRC）将学习进阶定义为学生思维方式的一种假设描述，即学生在适当的时间跨度内学习和探索一个重要的知识领域或实践时，思维方式的逐步进阶。学习进阶强调学生的认知过程是一个逐渐深化、螺旋上升的过程。因此，教师如果合理运用学习进阶理论，了解学生学情，制定教学目标，实施分步教学，逐步推进学生对知识的理解，最终会达到课程标准规定的要求。

学习进阶教学有以下四个特点：核心理念建设；反映不同层次学生的知识和能力；通过学习评价，呈现层次化发展的效果；反映对课堂和教学的影响。本文以 "电功率" 为例，呈现核心概念教学中的学习进阶理论教学设计。

一、教材分析

电功率是学习电流、电压、电阻和电功后的另一个电学物理量，也是生活中各种电器铭牌上的重要标志，广泛应用于生产生活中。本节不仅深化了电能和电功的知识，也为以后的学习提供了知识储备，起到了关键的作用。本节教学的重点是电功率，教学的难点是解决电功率的实际计算，额定电压与实际电压、额定功率与实际功率的区别。本节教学内容较多，且难度较大，建议分 "电功率" 和 "额定电压 额定功率" 两个课时进行概念教学。

（一）概念的层级位置（图1）

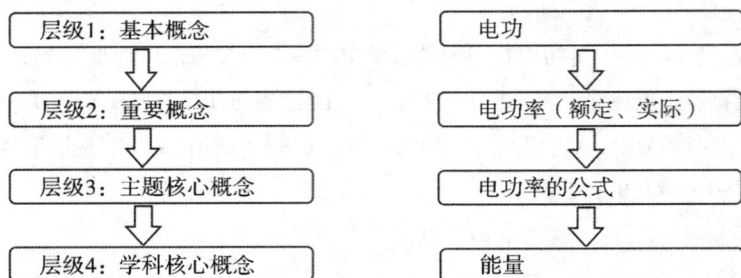

```
┌──────────────────┐        ┌──────────────────┐
│ 层级1：基本概念   │        │ 电功             │
└──────────────────┘        └──────────────────┘
         ⬇                           ⬇
┌──────────────────┐        ┌──────────────────┐
│ 层级2：重要概念   │        │ 电功率（额定、实际）│
└──────────────────┘        └──────────────────┘
         ⬇                           ⬇
┌──────────────────┐        ┌──────────────────┐
│ 层级3：主题核心概念│        │ 电功率的公式      │
└──────────────────┘        └──────────────────┘
         ⬇                           ⬇
┌──────────────────┐        ┌──────────────────┐
│ 层级4：学科核心概念│        │ 能量             │
└──────────────────┘        └──────────────────┘
```

图1

（二）课程标准要求及解读

结合实例理解电功和电功率。知道用电器的额定功率和实际功率。

课程标准要求解读：

此条第一点要求属于"认识、理解"水平。这些概念较为抽象，学生对概念的认识是逐步深入的过程，一般结合实际例子和类比法来引入，通过实验让学生了解概念引入的意义，通过实际的比较方法得出概念。

此条第二点要求属于"了解"水平。虽然是了解水平，但学生仅通过教材的概念很难理解，也无法说明它们之间有什么不同和关系，教学中应在学生通过实验观察现象、计算功率、分析数据的基础上，引出额定功率和实际功率的概念。

二、学生学情分析

（一）学生前概念

学生在前面已经学习过电流、电压、电阻、电功等一些电学的基本概念，具有一定的构建电学概念物理量的能力。学生在最初学习物理时已经知道用比值定义法来定义运动的快慢（速度）等一些物理量，对于本节电功率概念的引出有较大的作用。

前阶段的实验中，学生知道灯泡的亮度有明暗之分是因为电路中的电流有强弱之分，会以为灯泡的亮度是由电流来决定的。

（二）学生实验技能基础

通过前面"伏安法测电阻"实验，能把简单的串并联电路连接起来，能使用电流表和电压表测量电路中的电流和用电器两端的电压。

（三）学生认知水平及习惯

初中生缺乏从形象思维逐渐过渡到抽象思维的能力。因此，要善于主动引导学生运用在教学中已经掌握的基础知识，通过动手实验、理论分析和推理判断来获取新知识，从而培养抽象思维能力，具有初步的自学能力（从文本中获取直接信息的能力）和小组合作探究的能力。

三、教学目标

第一，通过具体例子比较做功的快慢和文本阅读来认识电功率的概念，通过练习能熟练运用电功率公式进行简单计算。

第二，了解千瓦时的来源，了解常用电器的电功率。

第三，通过实验能区分额定功率与实际功率，能说出用电器铭牌的含义。

第四，能根据铭牌计算用电器的实际功率和实际消耗电能。

四、两课时概念层级划分

水平 1：知道不同用电器耗电快慢是不同的（了解）。

水平 2：知道用几种方法比较用电器耗电的快慢（了解）。

水平 3：认识电功率是表示消耗电能快慢的物理量（认识、理解）。

水平 4：会根据电压表电流表示数算出电功率（操作）。

水平 5：知道用电器在不同电压下功率不同（了解）。

水平 6：区分用电器的额定功率和实际功率（理解）。

五、教学设计

知识主线	教学活动	设计意图
1. 电功率概念构建的必要性（意义）第 1 课时	创设情景、引入新课 活动 1：观看视频动画 分别用 100W 灯泡和 1 000W 电炉丝接在电路上，观察电能表铝盘的转动情况。 引发思考：通过现象说明什么？ 活动 2：比较消耗电能快慢的方法 表见下方 比较方法：＿＿＿＿＿＿＿＿＿＿＿＿ 表见下方 比较方法：＿＿＿＿＿＿＿＿＿＿＿＿ 表见下方 比较方法：＿＿＿＿＿＿＿＿＿＿＿＿	第一次进阶：用动画视频引发学生注意，激发学生的学习兴趣，培养学生的观察能力，引进新课。通过现实生活实例和实验视频动画，让学生了解电能表转速的不同意味着生活中的电能消耗速度不同。

用电器	电功 W/J	时间 t/s	电流做功较快
甲	1 200	30	
乙	1 200	10	

用电器	电功 W/J	时间 t/s	电流做功较快
甲	1 800	10	
乙	500	10	

用电器	电功 W/J	时间 t/s	电流做功较快
灯泡	30 000	300	
电炉丝	10 000	10	

（续上表）

知识主线	教学活动	设计意图
1. 电功率概念构建的必要性（意义）第1课时		第二次进阶：如何比较消耗电能的快慢，用实际数据引出三种比较方法，通过以前学习过的速度、机械功率类比，理解比值的定义方法在物理概念建立中的作用，导出电功率的概念。
2. 电功率概念第1课时	形成电功率的概念 活动3：阅读教材完成导学问题 自学教材第91、92页，完成以下问题，小组合作释疑，归纳总结： （1）电功率的物理意义、符号、单位分别是什么？ （2）电功率的定义、定义式、变形式、推导式分别是什么？说出各个符号代表的物理量及单位。 （3）分析千瓦时的由来，学习教材例题，认识各种用电器的电功率并说明它的物理意义。 教师补充总结： 补充练习：电功率相关公式的运用计算。	第三次进阶：通过课文阅读和小组学习培养学生的阅读能力和总结能力。通过公式的推导得出 $W = Pt$，

（续上表）

知识主线	教学活动	设计意图
2. 电功率概念 第 1 课时		并通过教材例题学习，使学生能进一步理解千瓦时的由来，并能从电功率的概念回归核心概念能量。通过练习加深对公式的熟练运用。
3. 额定电压、额定功率概念构建的必要性 第 2 课时	联系生活：在家庭电路中，同种类型的 40W 电灯比 15W 的电灯亮，100W 的电灯又比 40W 的亮。因此，可以通过比较两盏灯的亮度和暗度来确定哪一盏灯的功率大。 电压不同功率是否不同？ 活动 4：小组合作形成实验方案并完成实验，记录数据，分析数据，得出结论 实验方案：＿＿＿＿＿＿＿＿＿＿＿＿＿＿＿＿＿＿＿＿＿ ＿＿＿＿＿＿＿＿＿＿＿＿＿＿＿＿＿＿＿＿＿＿＿＿＿＿＿＿ ＿＿＿＿＿＿＿＿＿＿＿＿＿＿＿＿＿＿＿＿＿＿＿＿＿＿＿＿ 实验表格： 表格	第四次进阶：老师让学生初步了解灯泡的亮度和功率的关系，然后让学生做分组实验，再次感知灯泡的亮度和功率的关系。这不仅刺激了学生对知

（续上表）

知识主线	教学活动	设计意图
3. 额定电压、额定功率概念构建的必要性 第2课时	实验分析： _____ 实验结论： _____	识的好奇心，而且训练了学生的观察能力和动手实验能力。通过实验，学生会用电压表和电流数计算电功率，从而实现不同电压下的电功率是不同的，培养学生求真务实的科学态度。
4. 额定电压、额定功率概念 第2课时	形成额定电压、额定功率的概念 活动5：阅读教材完成导学问题 自学教材第94页，完成以下问题： （1）什么是额定电压？额定功率？ （2）节能灯上标着"220V 24W"，电熨斗上标着"220V 500W"，分别表示什么含义？ （3）根据铭牌可以求出用电器的哪些物理量？ 教师补充总结： （1）定义。 （2）铭牌。	第五次进阶：通过课文阅读培养学生的阅读归纳能力，获得额定电压、额定功率的概念。出示电器上的铭牌，

（续上表）

知识主线	教学活动	设计意图
4. 额定电压、额定功率概念 第2课时	列举生活中更多用电器的铭牌。 根据铭牌求用电器正常工作的电流、电阻 练习计算："6V 3W""220V 40W"	学生可以体验到物理与生产生活的紧密联系。 第六次进阶：计算出实际功率，并理解其与额定功率的不同。
5. 巩固小结	通过本节内容的学习，学生已经对电功率有了一定的认识，师生共同回顾，理清概念的由来。 （1）电功率是表示消耗电能（电流做功）快慢的物理量，等于用电器消耗的电能与用电时间的比值。 （2）用电器正常工作时的电压称为额定电压，用电器在额定电压下工作时的功率称为额定功率。	重新梳理概念，让学生明白如何逐步获得相关知识。

六、教学评价

（一）当堂检测

第1课时

（层级1、2）

1. 关于电功率，以下说法正确的是（　　　）。

A. 消耗的电能越多，电功率就越大

B. 消耗相同的电能，用时短的用电器电功率大

C. 电功率是反映用电器消耗多少电能的物理量

D. 同时工作的两个用电器，用时短的电功率大

2. 电功率是表示_____的物理量，它在数值上等于电流在_____时间内做的功。甲、乙两用电器的功率分别是 300W、500W，则甲、乙两用电器正常工作时做功较快的是_____（选填"甲"或"乙"）用电器。

（层级 3）

3. 一台家用电器 4h 耗电 1 度，求这台电器的电功率是多少？

4. 50W 的灯泡工作多长时间耗电 1 度？

5. 某电视机的电功率是 200W，假设每天工作 2h，一个月用电多少？（按 30 天计算）

6. 某次雷电的电流约 2×10^4 A，电压约 10^8 V，放电时间约 0.001s。这次雷电的电功率约多少千瓦？释放多少能量？

第 2 课时

（层级 2）

1. 小明在更换灯泡时发现灯泡上标有"220V 40W"的字样。下列说法中正确的是（　　　）。

A. 该灯泡只能在 220V 的电压下工作

B. 该灯泡的实际功率是 40W

C. 该灯泡每秒消耗的电能是 40W

D. 该灯泡正常发光时的功率是 40W

（层级 3）

2. 一个标有"220V 1 100W"的电炉正常工作 0.5h，则电炉的实际电压是_____V，实际功率是_____W，电流是_____A，电阻是_____Ω，消耗的电能是_____J，合_____度。

3. 一只"220V 100W"的电灯正常工作时的电功率是_____W，电阻是_____Ω。若把该电灯接到 110V 的电压下工作，它的实际功率是_____W。（不考虑温度对灯丝电阻的影响）

（层级 3、4）

4. 某电炉的额定功率是 1.1kW，额定电压是 220V，当接入某电路时，测得通过它的电流是 4A。若电炉的电阻不随温度发生变化，则：

（1）该电炉的电阻是多大？

（2）该电炉的实际功率是多大？

（3）该电炉在 5min 内消耗的电能是多少？

（二）课后作业

（1）调查家庭电路中各用电器的（额定）功率及工作情况，从节能的角度给出一些使用建议，制作成手抄报展示汇报。

（2）设计测量电功率的方法。

七、教学反思

本部分是初中物理电学的重点和难点部分，因为这部分有很多公式和抽象的概念，学生不容易理解。因此，我们应该尽量让学生在有限的时间内理解和掌握基础知识。这两堂课的主要内容是让学生了解电功率的概念和简单的电功率计算，并通过实验让学生了解电器的工作状况和它们之间的电功率关系。通过电能表转动快慢的不同、消耗电能快慢的不同、电压不同、电功率不同、额定功率与实际功率几个活动完成本节的学习进阶，学生在阶梯式教学中获得新知。本节内容是按我校"三环五步"的模式设计的，充分体现了学习进阶的概念教学。但由于这一节的容量较大，教师留给学生的时间略显不足。

参考文献

[1]吕少成.浅析"学习进阶理论"在初中物理概念教学上的运用：以"摩擦力"为例[J].中学物理，2020，38（18）：59-61.

[2]郑原琛、陈瑞、李宝金，等.基于学习进阶理论的课堂教学设计与实践：以"物体的浮沉条件"为例[J].物理通报，2019（6）：67-69.

[3]李光宇."学习进阶"理论视域下的实验探究能力培养[J].中学物理教学参考，2015，44（9）：64-67.

[4]课程教材研究所物理课程教材研究开发中心.义务教育教科书教师教学用书：物理（九年级全一册）[M].北京：人民教育出版社，2016：161-163.

[5]中华人民共和国教育部.义务教育物理课程标准：2011年版.[M].北京：北京师范大学出版社，2012.

备注：本文发表于《中学物理教学参考》2022年第5期，作者为刘翠平（湛江市港城中学）

学习进阶视角下的初中物理单元教学设计

——以"浮力"单元为例

摘 要：从促进核心概念的构建出发，理顺概念间的层级关系，基于学情和核心素养设定进阶起点、阶点和终点，根据进阶需求组织教学内容，依据学生认知特点规划教学活动，设计教学评价等具体操作，进行学习进阶视角下的单元教学设计，以实现核心素养培养目标。

关键词：学习进阶；单元教学设计；浮力

围绕大概念进行单元教学设计已成为当前学科教育趋势和热点问题之一。2018 年初颁布的普通高中各学科课程标准"凝练了学科核心素养""重视了以学科大概念为核心，使学科内容结构化"。基于学习进阶设计的单元学习过程可以清晰地呈现单元学习层级，促进学习层级跃迁的知识内容，伴随认知发展的素养发展规划、促进深度学习的学习方式安排与物理情境创设等内容。因此，大概念单元教学是在课堂教学中落实核心素养培养目标的有效途径。浮力是初中物理学习的重难点内容之一，由于内容抽象、综合性强、科学方法众多及思维要求较高等，成为学生学习的难点。笔者尝试在浮力教学中通过运用学习进阶理论进行单元教学活动设计，培育学生核心素养。

学习进阶是对学生在一段较长的时间跨度内学习或研究某一主题时，其思维方式从"新手型"到"专家型"的连续且有层级的发展路径的描述。学习进阶的单元教学设计须理顺概念的层级关系，基于学情和核心素养培养目标，设定进阶起点和终点，根据进阶需求组织教学内容，依据学生认知特点规划教学活动并设计好教学评价。教学设计流程如图 1 所示。

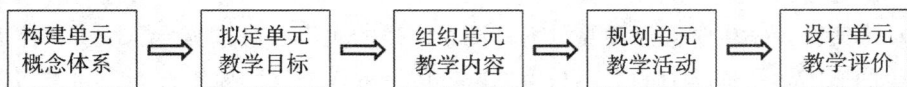

图1

1. 构建单元概念层级体系

分析物理概念层级结构是促进学生深层理解核心概念的基础性工作，也是研究物理概念学习进阶的基础性工作，是学习进阶单元教学的基础。本章的核心概念是浮力，学科核心概念是"运动和相互作用"。围绕核心概念构建的浮力单元教学内容层级，如图2所示。

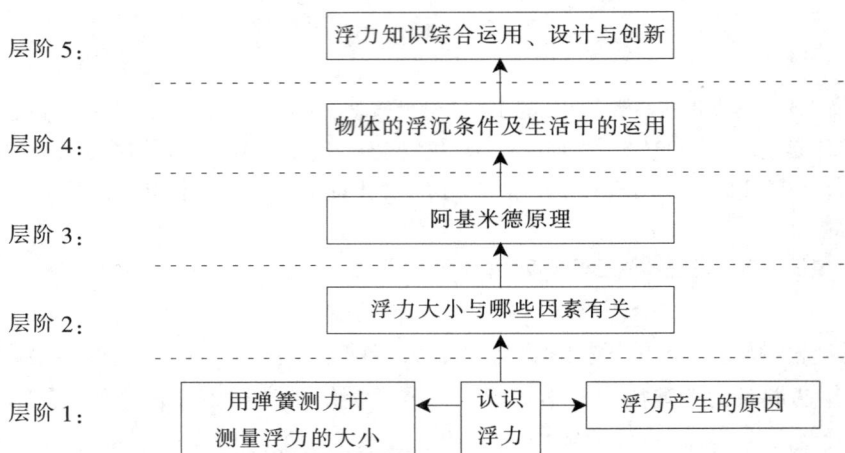

层阶 5：　浮力知识综合运用、设计与创新

层阶 4：　物体的浮沉条件及生活中的运用

层阶 3：　阿基米德原理

层阶 2：　浮力大小与哪些因素有关

层阶 1：　用弹簧测力计测量浮力的大小　　认识浮力　　浮力产生的原因

图2

2. 拟定单元教学目标

教学目标既是教学的出发点，也是归宿。它是教学的灵魂，支配着教学全过程，并规定了教与学的方向。基于课程标准要求、学情诊断和概念层级划分，拟定本单元的整体教学目标：以"浮力"内容作为载体，巩固认识和描述力的程序性知识，发展学生的相互作用观，提高学生建立模型的能力。在认识浮力的学习过程中，培养学生敢于质疑的科学态度；在探究浮力大小与哪些因素有关的学习过程中，引导学生学会运用科学思维方法和实验方法进行科学推理、找出规律、形成结论。从物理学科核心素养角度来看，具体目标如下：

（1）形成物理观念方面。

通过生活现象和演示实验，从物理学角度认识浮力的方向；通过体验活动和动手实验使学生学会用弹簧测力计测量浮力的大小；通过实验推理了解浮力产生的原因；知道浮力的大小与液体密度以及浸入液体的体积有关；知道阿基米德原理，并能计算物体受到浮力的大小；了解物体的浮沉与重力、浮力之间的关系，能运用其解释自然现象和解决实际问题。

（2）科学思维方面。

通过浮力产生原因演示实验，提升学生观察能力和归纳演绎能力；通过史实和实验了解阿基米德浴缸模型，形成建立物理模型的意识，历经阿基米德原理的发现过程，了解科学想象与科学推理相结合的科学方法；通过物体浮沉探究实验，形成抽象概括、推理论证、类比分析的思维能力，养成良好的思维习惯。

（3）科学探究能力方面。

经过浮力大小与哪些因素有关和阿基米德原理、物体浮沉等科学探究过程，使学生形成问题意识和能力，巩固对控制变量法的理解和运用。学会收集数据，具备分析论证的能力（描述解释实验研究结果，准确表达、评估、反思实验探究过程和结果），在实验中提高合作交流的能力。

（4）提升科学精神、态度与责任方面。

通过从自然、生活到物理的认知过程，激发学生自主提问的能力以及探索的兴趣；通过分析、归纳得出结论，培养严谨的科学态度。

3. 规划单元学习内容及活动

单元学习活动是在单元教学活动设计理念下开展基本教学的形式，是指以学生学习兴趣和内在需要为基础，以学生主动探究为基本特征，以实现学生学科素养发展为目标的实践活动。依据浮力概念层级关系，创设激发学习兴趣且链接层级的物理情境，设计有效的学习活动，促进核心素养的分步落实。本单元教学过程设计如下：

【层级1】认识浮力

物理情境　观察航母浮在水面、潜艇悬浮在水中、铁块正在下沉的图片。提出问题：①航母浮在水面、潜艇悬在水中是哪个力的作用效果？判断的依据是什么？②下沉的铁块是否也受到这样的力的作用？证明你的观点的证据是什么？

知识安排　浮力的定义、方向、称重法。通过分析大量生活现象抽象出浮力的概念，学会归纳抽象的思维过程；通过受力分析学会用二力平衡知识判断另一个力的方向；通过判断下沉的铁块是否受到浮力的活动，培养学生的证据意识。

学习方式　通过分析交流，认识浮力的定义及方向，掌握弹簧测力计测量浮力的方法；通过演示实验和理论分析，了解浮力产生的原因。

【层级2】探究浮力大小与哪些因素有关

物理情境　观看视频：鸡蛋放入清水中会沉入水底，放入食盐并不断搅拌，鸡蛋慢慢浮起来。由此情境提出问题：①浮力的大小可能与哪些因素有关？②如何设计实验收集证据验证你的猜想？

知识安排　探究浮力的大小与哪些因素有关？

　　核心素养　通过探究实验，培养学生对问题的整合能力、实验设计能力、分析论证能力。

　　学习方式　通过探究实验，了解浮力的大小与深度无关，与液体的密度、浸入液体体积有关。

　　【层级3】 定量认识浮力大小，理解阿基米德原理

　　物理情境　将空易拉罐轻轻压入装满水的大烧杯中，感受手受到的力的变化并观察溢出的水的变化。由此实验提出递进式问题：①手受到的力的变化实际是什么力的变化？②浮力的大小与溢出水的哪个量可能有定量关系？③如何设计实验验证浮力的大小与排开水受到重力的关系？

　　知识安排　探究浮力大小与排开液体所受重力的关系、阿基米德原理，浮力的简单计算。

　　核心素养　通过了解阿基米德如何从现象确定研究点，培养学生信息关联整合的意识和提出问题的能力；通过科学探究培养学生实验设计的能力、证据意识和反思能力。

　　学习方式　阅读物理学史材料，了解阿基米德由现象到研究的探索过程；通过科学探究得出阿基米德原理；通过阅读教材学习如何利用公式进行简单计算。

　　【层级4】 探究物体的浮沉条件并说明生产、生活中的一些现象

　　物理情境　观察航母浮在水面、潜艇悬浮在水中、铁块正在下沉的图片。提出问题：①都是铁制成的物体，为什么航母漂浮而铁块沉底？②什么样的方法可以让铁块任意浮沉？③使轮船、潜艇浮沉的方法是什么？

　　知识安排　浮沉条件、浮力的运用（轮船、潜艇、飞艇）

　　核心素养　引导学生运用二力平衡和力与运动的关系描述物体的浮沉，培养学生整合知识解决问题的能力；引导学生关注事物之间的联系，深化对知识间相互联系的认识。通过对轮船、潜艇和热气球的解释，加强对物体浮沉条件的认识，强化运用知识解决问题的能力。

　　学习方式　通过科学探究得出浮沉条件；通过阅读教材了解轮船、潜艇、飞艇改变浮沉状态的方法。

　　【层级5】 密度计制作和特殊方法测密度

　　物理情境　在前面的实验中，我们发现向水中加入一定量的食盐后，鸡蛋会上浮，直到漂浮，且盐水的浓度越大，鸡蛋漂浮时排开液体的体积越小。你能否根据这个规律制作出一个简易的测量液体密度的密度计？如何对其进行标度？如何提高它的精度？

知识安排   制作密度计、应用浮力测量石头的密度。

核心素养   在制作密度计的过程中培养学生的动手能力，巩固对漂浮状态液体密度与排开液体体积的关系的认识，发现刻度线之间上小下大的秘密，了解提高测量精度的方法；通过应用浮力测量石头密度的活动体会等效替代的思想及公式推导转化的能力。

学习方式   学生自主实验并撰写实验报告，进行交流讨论。

4. 单元学习评价设计

评价是促进课程目标与理念落实的重要手段，科学、系统的学业水平评价能促进物理核心素养的发展。在学习进阶的单元教学设计中，常在"阶"点进行形成性评价，以评定是否达到了该阶的水平，是否为下一个阶的学习奠定了坚实的基础；在单元学习结束后，进行终结性评价，以判定是否实现本单元的教学目标。

如在层级 1 认识浮力之后，可以设计如下问题考查构建浮力概念过程。

例 1：如图所示是认识浮力的探究实验。

（1）将物体悬挂在弹簧测力计下端，如图 3 甲所示，物重 $G =$ _____N。

（2）当用手向上托物体时，如图 3 乙所示，手对物体向上的托力 $F =$ _____N。

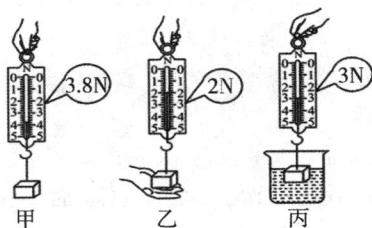

图 3

（3）当物体浸入水中时，如图 3 丙所示。将丙与甲、乙对照，说明水对物体也有向上的托力即浮力，水对物体的浮力 $F_浮 =$ _____N。

（4）该实验是通过_____的物理方法，建立起浮力概念的。

在学习完本单元的内容后设计终结性评价，考查浮力大小的变化。

例 2：小明看见清淤工作人员正在将水塘底部的淤泥搬运到船上。他想：水面高度会变化吗？于是进行了探究：首先将石头 a 和不吸水的木块 b 置于装有水的烧杯中，如图 4 所示，然后将石块 a 从水中拿出并轻轻放在木块 b 上，它们处于漂浮状态，则水面高度将＿＿＿＿＿＿。

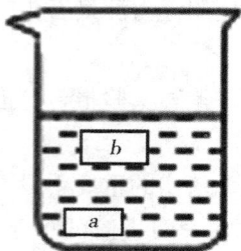

图 4

A. 下降　　　B. 上升　　　C. 不变　　　D. 无法判断

从学习进阶的视角出发，通过促进概念理解的单元教学内容层级设计，系统规划构建浮力科学概念的教学过程，在有效的教学活动中认识了核心概念"浮力"，促进形成运动及相互作用观，提升科学思维水平，培养科学探究能力，促进科学精神、态度和价值观的形成。

参考文献

［1］顿继安，何彩霞．大概念统摄下的单元教学设计［J］．基础教育课程，2019（18）：6 – 11.

［2］张玉峰．基于学习进阶的物理单元学习过程设计［J］．课程·教材·教法，2020，40（3）：50 – 57.

［3］National Research Council，Taking Science to School：Learning and Teaching Science in Grades K – 8［M］．Washington D. C.：The National Academies Press，2007：213.

［4］张玉峰．高中物理概念学习进阶及其教学应用研究［M］．南宁：广西教育出版社，2020.

［5］崔允漷．有效教学［M］．上海：华东师范大学出版社，2009.

［6］上海市教育委员会教学研究室．中学物理单元教学设计指南［M］．北京：人民教育出版社，2018.

备注：本文发表于《中学物理教学参考》2022 年第 2 期，作者为尤小蓉（湛江市港城中学）

基于"学习进阶"的物理实验教学探究

——以"大气压强"教学为例

摘 要："学习进阶"已成为现代科学教育研究的新领域。基于"学习进阶"理论，通过改进实验和自主实验，让学生积极参与，亲身体验，符合学生的认知水平，加强了实验设计环节的逻辑性，培养学生观察、分析实验问题和创新能力，教学效果良好。教师依据学生思维的进阶发展开展教学，不仅有利于学生构建科学核心概念体系，而且有利于学生的科学素养培养。

关键词：学习进阶；实验教学；大气压强

本文分析了《物理》八年级下册人教版第九章第三节"大气压强""知识和能力"的层次阶段。

一、教材特点与教学思路设计

（一）教材特点分析

教材在编写内容上体现了知识完整性和渐进性的特点。教材内容首先安排学习固体压强、液体压强，然后再学习大气压强，这样构成了一个相对完整的体系，遵循了学生认知规律，也有利于学生思维进阶。

教材突出联系实际，凸现 STS 的理念。教材中有几个有趣的实验，涉及学生参与实验、体验过程、思考原因、得出结论。"从生活走向物理"的思想得到了充分的体现，学生运用知识的能力和积极的情感态度价值观也得到强化。

教材编写还体现了开放性的新理念。有部分知识设计为选学内容，学生可以根据需求有选择地进行学习，有利于提高学生的创新精神和自主学习能力。

（二）教学思路设计

根据新课程标准和本节课的教学内容，本节教学思路设计为：①实验介绍，游戏激活，营造教学情境，掀起学生的学习激情。②自己动手，实验操作，在游戏中学习，构建新的知识。③在本课教学设计中，应注重理论与联系实际相结合，实验趣味化，物理生活化。④多元化的教学手段，巧妙运用现代多媒体技术，突破教学重难点。⑤对教材实验进行改进和创新，从多方面培养学生的创新能力。⑥以生为本，突出学生主体地位，精致教学。

二、学习进阶分析

人教版《物理》八年级下册第九章"大气压强"学习进阶图见图1：

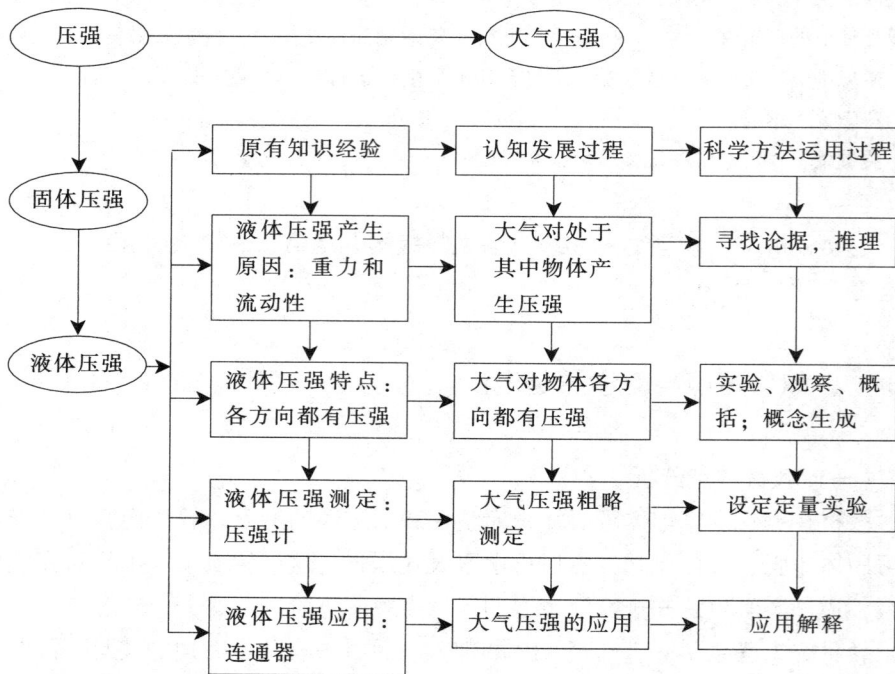

图1

构建学习进阶图不仅可以让教学精准定位，而且可以让学生对核心概念的相关学习更加精确，让学生对知识的进阶更加深入、对知识的理解更加深刻、对知识的关联性更加清晰。

三、教学过程设计

（一）学习进阶视域下的新课导入环节

模拟马德堡半球实验，创设情境，让学生感知大气压强的存在。

取两个相同的直径约25cm的不锈钢钢盘，在其底部分别焊接上把手，方便系上绳子，将点燃的纸巾置于其中一个盘中，将另一个盘迅速盖上，发现两个盘子紧贴在一起并出现变形，用双手难以将它们拉开。为进一步证明两个盘子受到的压力很大，此时请两位力气比较大的同学进行"拔河比赛"，结果两个盘子很难被拉开。此时引导学生分析盘子很难被拉开的原因，是大气对浸入其中的物体产生压强，并且压强非常大。利用具体的趣味性较强的演示实验，实验现象明显，对学生的视觉冲击强烈，教师引导学生寻找论据，并将科学思维应用于推理。这样既成功导入了本节课的新课学习，同时为下一步介绍马德堡半球实验做好了铺垫，让学生感受大气压强的存在，顺利踏上学习的阶梯。

(二) 证明"大气压强的存在"进阶水平

自选器材，合作探究，求异创新，进一步亲身体验大气压强的存在。引导学生分组合作完成3个小实验，并小组讨论形成实验现象的原因。

实验1覆杯实验：首先将空瓶中注满水，然后用一块硬纸盖上它，然后将瓶子向各方向翻转，观察现象。

实验2自动喝水的杯子：在盘子里点燃蜡烛，轻轻往盘子里倒入一部分水，将烧杯盖住蜡烛，提示学生观察烧杯内液面的变化情况。

实验3用注射器感受大气压存在：把活塞推至注射器底部，往外拉活塞，感受是否容易拉开？再用手指将注射口堵住，重复刚才的步骤，感受两次拉开的难度是否一致。

此环节的目的是让学生进一步体验大气压强的存在，让学生在观察、思考、讨论和动手实践中掌握知识，降低了理解的难度，同时突出以学生为主体，体现小组合作探究的理念，非常好地调动了学生的积极性。由学生的观察、分析获取概念的进阶水平1，到学生设计并完成实验验证、解释实验现象的进阶水平2的提升，学生实现能运用大气压知识对物理相关现象作出科学性的解释，也实现能力水平的进阶。分析实验原理中运用了多种思维方法，提炼了实验中隐藏的多种科学方法，为下一活动的顺利开展在思维上做好点拨，为更高水平的学习铺好阶梯。

(三) "测量大气压强的值"进阶水平

设计定量实验，粗略测量当地大气压的值。

如图2，将长为13米的印有刻度的巨型横幅挂在1~4楼，往透明玻璃缸中加带颜色的水至将近横幅 0 刻度线的位置，取一条 11 米长的水管，灌入彩色的水，排出空气，用水龙头密封两端。那么下端的管口没入水中，打开下端水龙头，用定滑轮和绳子将密封的一端吊起，当水管升至 10.1 米左右时，继续提升水管，而液柱的高度不再变化。此时固定水管的高度不变，往玻璃缸里继续加水至 0 刻度线，可发现水柱高度稳定在 10.1 米左右。根据液体压强公式 $P = \rho g h$，计算当地大气压强的值。

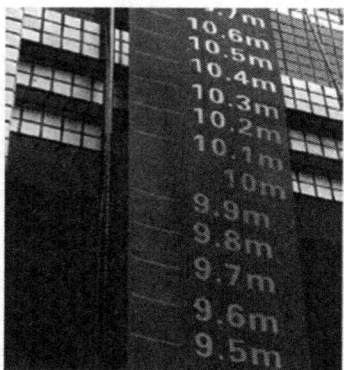

图 2

在上面进阶水平 2 的铺垫下，学生通过小组合作的模式进行了定量实验设计。此环节使用了带有刻度的巨型横幅，可让学生站在一楼或教室走廊均可清楚读出水柱高度，同时用管和玻璃缸中装带有蓝墨水的水，大大增强了可视性，使实验现象更明显。老师对教材的托里拆利实验进行改进，并说明实验的思路，组织学生对实验结果在科学性和测量精确性方面进行评价，介绍科学史上人们对大气压值测量的研究和 1 个标准大气压值的大小，将学生提升到运用物理模型、物理公式等解释并概括探究过程和结果的进阶。

（四）拓展延伸"大气压强的影响因素"进阶水平

自制气压计，巧用电梯，研究大气压强与海拔高度的关系。

往自制气压计里吹气，使锥形瓶内气压比外面大气压大，玻璃管中的液体表面上升至一定高度。将自制气压计放置于电梯一楼处，将细胶套在玻璃管上，在液面处拧紧细胶记下一楼处液面的位置。摁下电梯 30 楼按钮，电梯以恒定速度上升，随着高度增加，玻璃管内液面逐渐上升，当电梯稳定停止在 30 楼时，玻璃管内液面不再上升，但液面高度与在一楼时相比已上升了一段距离。它表明自制气压计瓶内的气压在电梯上升的过程中保持不变，而瓶外气压变小，导致玻璃管内液面上升，从而得出海拔高度越高气压越低的规律。根据气压这一变化规律，教师拓展延伸，分析大气压值随海拔高度的上升将会发生怎样的变化？布置课后探究任务：利用生活中的常见材料设计实验证明大气压随高度的变化而变化。

（五）"大气压强的应用"进阶水平

吸盘挂钩和活塞式抽水机的实物演示，体现从物理走向生活。引导学生上台实物演示吸盘挂钩和活塞式抽水机工作过程，如图 3，并请其说明工作原理。现场实物演示，极大地拉近物理与生活的距离，弥补学生因生活经验不足而容易忽略生活中一些物理现象的遗憾。

图 3

四、教学反思和自我评价

学习进阶有助于学生构建概念体系。国外研究者认为，以完整的概念体系为核心、围绕少量概念进行深入探究进阶的高级学习，可以有效改变目前"宽而浅"的科学学习现状，最终实现科学素养的发展。本课例以"压强"核心概念为中心，在"液体压强"的基础上，通过利用自制教具模拟马德堡半球实验的小型"拔河"比赛，"大气压强"概念生成理解；通过学生自行选择简单的器材，小组合作设计并完成实验，让学生能够切身体验大气压的存在，很好地实现体验性教学，同时培养学生科学探究的核心素养；通过托里拆利实验设计和改进，成功测量出当地当时大气压的值，培养学生实事求是的科学态度和物理观念；利用自制气压计，通过电梯研究"气压随海拔高度的变化规律"，使学生记忆犹新，对知识的理解更深刻；通过利用吸盘挂钩和活塞式抽水机实物现场演示，反映了物理学与现实生活的关系。本课例设计多个活动，在完成对"液体压强"概念重现的同时，引领学生深入探究"大气压强"，使学生形成完整的、系统的"压强"概念，改变了原有教材中因相关概念分布零散而导致的学生核心知识零碎和孤立的现象。这些改进的实验器材更生活化，实验中用到的材料都是生活中和实验室中很容易找到的，这让学生深深地感受到物理离他们的生活如此之近，有效提高了学生的实践能力和创新能力，强化了学生实事求是的科学态度。

学习进阶有助于学生发展科学素养。科学教育应该从学生感兴趣并与他们生活相关的课题开始，逐步进展到掌握大概念。科学教育所有课程活动都应该致力于加深学生对科学概念的认识，并考虑其他可能的目标，如科学态度和能力的培养。本课例中，教师首先对该课的学习目标进行分"阶"分析，从学生熟悉的事物和他们拥有的知识经验出发，在完成对概念逐"阶"构建的同时，注重学生科学思维能力的逐渐提升。构建学习进阶，能较好地呈现概念发展进程，符合学生认知发展规律，促进科学素养的可持续发展。

参考文献

［1］王磊，黄鸣春.科学教育的新兴研究领域：学习进阶研究［J］.素质教育大参考，2014（6）：40－43.

［2］李光宇."学习进阶"理论视域下的实验探究能力培养［J］.物理教师，2015，36（10）：32－35.

［3］郭玉英，姚建欣，张静.整合与发展——科学课程中概念体系的构建及其学习进阶［J］.课程·教材·教法，2013，33（2）：44－49.

［4］柯晓露.基于"学习进阶"的物理概念教学：以"超重与失重"为例［J］.中学理科园地，2018，14（6）：6－7，9.

［5］崔友志.浅谈初中物理实验探究复习策略［J］.中学数理化（学研版），2013（4）：16－17.

备注：本文发表于《湖南中学物理》2020年第4期，作者为谭振兴（湛江市港城中学）

浅析"学习进阶理论"在初中物理概念教学上的运用
——以"摩擦力"为例

摘 要："摩擦力"是中学物理"相互作用和力"主题下的重要概念，贯穿着小学、初中、高中的物理学习。本文以"摩擦力"为例，从概念进阶的起点分析、进阶层级的设计、进阶终点的检验三方面浅析"学习进阶理论"在初中物理概念教学上的运用。

关键词：学习进阶；概念教学；摩擦力

概念教学是初中物理课堂教学的重要组成部分，是初中学生认识物理现象、构建物理观念、理解物理规律、形成物理思维的基础。学生学习物理概念的过程，是基于原有认知和经验的螺旋进阶式动态过程。学习进阶也称学习进程，是近十几年来美国科学教育改革中一个新兴的概念。美国国家研究理事会将之定义为对学生在各学段学习同一主题的概念时所遵循的连贯的、典型的学习路径的描述，一般呈现为围绕核心概念展开的一系列由简单到复杂、相互关联的概念序列。学习进阶理论认为学习是一个不断积累、不断发展的过程。该理论落实到课堂教学，就是为学生设计一条路径，循序渐进，用先学的知识为后学知识打基础。学习进阶的内容主要包括：第一，学习进阶的起点，即学生的原有认知和经验有哪些？第二，学习进阶的终点，即学生学习目标是什么？第三，如何在原有经验与学习目标之间架设合理的台阶，让学生能够顺利踏上新的一级台阶？学习进阶理论立足于学生的原有知识，能够从学生的思维角度出发，用切合学生实际的方式开展教学过程，有利于学生更好地掌握物理知识，形成物理概念。本文以"摩擦力"为例，从概念进阶的起点分析、进阶层级的设计、进阶终点的检验三方面浅析"学习进阶理论"在初中物理概念教学上的运用。

一、"摩擦力"进阶的起点分析

学生已有的事实经验：运动的物体受到阻力时会慢慢停下来；在水平面推重的物体更费力；在有冰雪（水）的路面上行走容易打滑；拔河的时候戴上手套绳子不容易打滑；摩擦生热；摩擦生电等。

学生已掌握的知识：重力、弹力、力的三要素等可以迁移到摩擦力上；弹簧测力计的使用，会用弹簧测力计测量力的大小；二力平衡的知识，会简单的受力平衡。

学生可能存在的错误认识：运动的物体一定受摩擦力，静止的物体一定不受摩擦力；摩擦力的方向与物体运动的方向相反；物体的质量越大，摩擦力越大；接触面越大，摩擦力越大；物体的速度越大，摩擦力越大。

二、"摩擦力"进阶的终点预设

《初中物理课程标准（2011 版）》对"摩擦力"的知识要求：通过常见的事例或实验，了解滑动摩擦力。"测量水平运动的物体受到的滑动摩擦力"是课程标准中必做的测量实验。本节课的进阶终点预设为：

第一，学生首先要能够准确地知道滑动摩擦力大小产生的原因和条件。

第二，知道滑动摩擦力大小的基本测量方法。

第三，了解滑动摩擦力大小的影响因素，掌握改变滑动摩擦力的方法。

三、"摩擦力"进阶的层级设计与教学设计

（一）水平层次 1：能感知摩擦力的存在

1. 现象演示

让篮球在地面上滚动，最终停下来，提出问题：为什么篮球会停下来？学生很容易就能回答：篮球受到了阻力。然后教师给出一个概念：篮球慢慢停下来，说明有个力阻碍了它在地面上运动，我们把这样的力叫作摩擦力。

2. 体验摩擦力的存在

用手掌压在桌面上并沿桌面滑动，感受桌面对手掌的阻碍作用；将纸带夹在教材中，用力拉动纸带，感受教材对纸带的阻碍作用。

3. 水平进阶：构建模型，学生推理概括

图 1 中物体和水平面没有发生相对运动，没有滑动摩擦力；图 2 中甲和乙之间没有发生相对运动，没有滑动摩擦力；乙和水平面发生了相对运动，乙和地面有滑动摩擦力。强化学生"相对接触面的运动"的理解。归纳出滑动摩擦力产生的条件：①接触面不光滑的两个物体接触且发生挤压；②物体间发生相对运动。

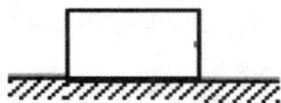

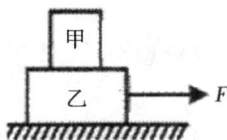

图1　　　　　　　　图2

（二）水平层次2：认识摩擦力的三要素

1. 现象演示

如图3，用力向右推毛刷（或者用扫把演示），使毛刷沿水平方向向右滑动，观察毛刷的形状。如图4，将两个毛刷的毛刷面相对，用力推上方的毛刷使毛刷向右滑动，观察两个毛刷的形状。

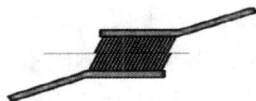

图3　　　　　　　　图4

归纳：滑动摩擦力作用在接触面上，方向与相对运动方向相反。

2. 水平进阶：构建模型，学生推理概括

如图5，公交车原来沿水平公路匀速行驶，当车突然减速（刹车）时，人由于惯性保持原有状态，相对车子向前运动，此时摩擦力向后，车突然加速（启动）时，人由于惯性保持原来状态，于是相对车子向后运动，摩擦力向前。类似情形：自行车的前后轮受到的摩擦力方向。

图5

（三）水平层次3

学生通过生活经验猜想滑动摩擦力与物体的质量、接触面粗糙程度、接触面积、运动速度有关，探究滑动摩擦力大小的影响因素。

1. 学生活动

根据生活经验猜想滑动摩擦力的大小与什么因素有关，引导学生思考怎样测量摩擦力的大小。

注意提问：用什么工具测量力的大小？弹簧测力计测量的是什么力？怎样才能使拉力等于摩擦力，为什么？如图6、图7物体在力 F 作用下沿水平面匀速运动，分析物体的受力情况。

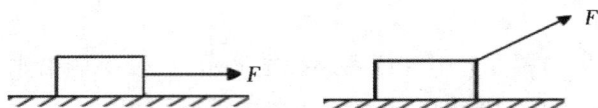

图6   图7

如图6，根据二力平衡，$f = F$；图7中，f 与 F 不在一条直线上，$f \neq F$。

根据学生讨论出来的影响因素，确定研究的问题：滑动摩擦力大小与压力的关系；滑动摩擦力与接触面粗糙程度的关系；滑动摩擦力与接触面的面积的关系；滑动摩擦力与速度的关系。对学生进行分组，确定主题，人员分工，学生自选器材完成实验。

2. 水平进阶

（1）学生交流实验结论。

如图8，通过甲和乙：接触面粗糙程度一定时，压力越大，滑动摩擦力越大。如图8，通过乙和丙：压力一定时，接触面越粗糙，滑动摩擦力越大。滑动摩擦力大小与接触面面积、运动速度无关。

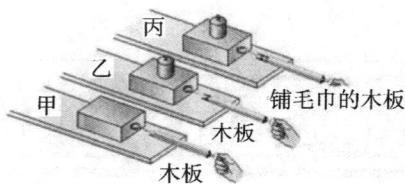

图8

（2）实验改进。

实验中发现，用手拉动弹簧测力计让木块匀速运动很难控制，弹簧测力计在运动中也不好读数。针对以上问题，由学生提出改进意见：不用手，由电动机控制，比较稳定……最后提出图 9 的做法：将木块一端连上弹簧测力计并固定，在木块下铺长木板，拉动长木板，使木块和长木板发生相对运动，稳定时发现木块相对桌面静止，弹簧测力计读数稳定。对木块受力分析，有 $f = F_{测}$，操作简单。

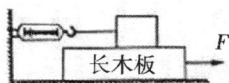

图 9

（四）水平层次 4

能用摩擦力的知识解释生活中的一些现象，知道增大摩擦力、减小摩擦力的方法。

1. 学生活动

讨论生活中摩擦力的例子，哪些摩擦力是有益的，哪些是有害的；总结增大摩擦力和减小摩擦力的方法。

2. 水平进阶

将小车如图 10、图 11 所示放在水平面上，用力使小车匀速运动，比较 F_1、F_2 的大小。

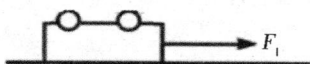

图 10

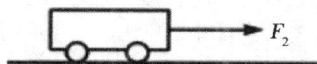

图 11

结论：压力相同时，滚动摩擦力小于滑动摩擦力。

四、"摩擦力" 进阶的终点检验

物理概念的掌握需要一个具体化的过程。学习了本节内容后，学生要能知道摩擦力产生的条件，判断摩擦力的方向，知道摩擦力大小的测量方法，了解滑动摩擦力大小的影响因素和改变摩擦力的方法。这些内容需要通过分析实际问题和习题加以强化，在实际课堂中可以布置分层作业加以落实。

五、总结

在概念教学中应用学习进阶理论，要求教师根据学生认知发展阶段和教学内容确定教学目标，关注学生的起点，引导教师更多地关注学生的思维发展，有利于学生科学素养的提高。

本文把"摩擦力"的内容设计成以下一系列路径，从学生已有生活经验和前概念入手，将生活与物理联系起来，根据学习进阶理论去设计符合学生心理发展规律和认知规律的教学过程，抓住学生的最近发展区，实现了较好的课堂教学效果。

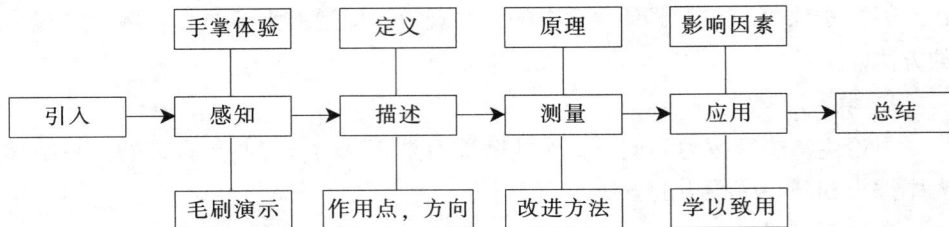

图 12

参考文献

［1］郑曼瑶，张军朋．"学习进阶"的研究及其在物理教学中的应用［J］．物理通报，2014（12）：2 – 6.

［2］何春生，郭玉英．基于学习进阶的课堂教学设计与实践：以"功"为例［J］．物理教师，2016，37（10）：23 – 26，31.

［3］邱洁．初中物理力学概念教学的研究［D］．上海：上海师范大学，2016.

备注：本文发表于《中学物理》2020 年第 9 期，作者为吕少成（湛江市第二中学）

初中物理概念学习进阶的个案研究
——"压强"教学实例

摘　要：初中物理教学是培养学生核心素养的有效途径。本文从初中物理教学课例出发，根据学生的认知水平和所处年龄阶段的思维特点设计学习进阶，探讨在概念教学中提升学生物理核心素养的有效策略，以人教版九年级第九章第一节的"压强"教学为例，做了一些学习进阶有效的尝试。

关键词：概念教学；学习进阶；压强

压强是物理力学中的一个重要核心概念。它是对"压力的作用效果"的进一步描述。压强知识与生活紧密相连。学好压强对于顺利进阶学习液体压强、大气压强、浮力有着重要作用，同时对于进阶学习高中气体性质将起到铺垫的重要作用。以培养学生物理核心素养为导向，利用学习进阶框架估计学生所处层次，对学生进行学情分析及预期表现，进行课堂教学设计和教学实践活动。现以初中物理"压强"为例，研究初中物理核心概念教学的学习进阶一般模式。

一、进阶分析

基于物理学核心概念的先进水平理论，压强的核心概念可分为五个层次：经验、映射、关联、系统、整合。压强学习的概念是先进的，进阶起点分析如图 1 所示：

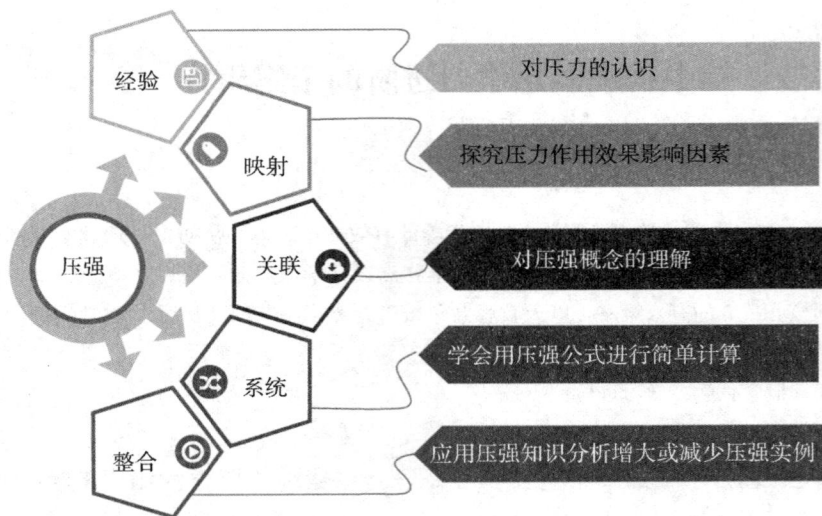

图1

二、进阶起点分析

学生已有事实经验：经过八年级一个学期的物理学习，学生已经进行探究实验数次，对探究实验的过程和如何用控制变量法探究已基本掌握。到了八年级下学期，学生已初步具备了基本的实验观察、实验分析、实验归纳总结等多方面能力。

学生已有的知识及知识结构：学生学习"力"和"力和运动关系"后，对重力、弹力、摩擦力及力的平衡等知识有所理解，也懂得受力分析方法。但"透过现象看本质"的能力还不够强，因此我们在物理概念教学中应注重过程探究、过程体验、过程感悟和学习方法的引导。

学生的思维特点：初二学生具有心理好奇、心态好强、个性好动的特点，在发散思维、迁移能力方面不是很强，从形象思维到抽象思维过程还需要一段时间训练。因此，激发学生的求知欲是我们在物理教学中应注意的问题。通过激发，使学生对物理产生强大驱动力，让学生在物理研究学习上不断提高物理核心素养。

三、进阶点和进阶层级预设

在设计学习进阶起点和预设目标中，学生的思维障碍可能表现在如下几个方面：①受到物理前概念干扰，对重力与压力的混淆；②由于实验探究不科学，对压力作用效果影响因素分析欠深度和广度；③由于对物理概念生成过程认识不足，压强概念理解模糊不清，尤其在压力大小变化、受力面积大小变化后对压强变化推断混乱；④由于知识迁移思维还不够强，对生活中的压强现象分析缺少科学性、准确性、严谨性。

综上所述，对本节课"压强"进阶点设置了进阶起点和目标，如表1所示。

表 1　课堂设计

复杂度层级	进阶点	进阶起点	预设目标
经验	对压力的认识	压力与重力联系与区别	能够举例说出压力来源于重力的情况，以及二者不相等的情况
映射	对压力作用效果影响因素的探究	围绕"压力作用效果和什么因素有关"能够设计实验	能够说出控制不变量，并能说明改变哪个量、观察什么现象；在压力和受力面积都不相同时，我们怎样比较压力作用效果
关联	对压强概念理解	对压强的认识	当压力和力的面积不同时，我们如何比较压力的影响
系统	会通过压强公式进行计算	压强公式理解	能够记住压强公式
整合	应用能力的提升	常见的生活中增大或减小压强的方法	依据压强公式，分别说出增大压强和减小压强的方法，并能举出多个相应的具体实例

四、教学过程与方法策略

（一）导入新课：游戏导入，创设情景，激趣引思

设置目的：使用在学生意识中不太可能的事情，刺激学生，设置悬念，激发兴趣，通过游戏的体验活动引起学生的注意，激发学生探索其中的奥秘。

师：同学们试一试：

（1）给你一个气球，你用什么方法把气球弄破？

（2）气球受力一定会破吗？一位或多位同学踩到气球一定会破吗？

学生抢着回答，并积极抢着做游戏。

（二）认识压力

【起点分析】

通过学习"重力、弹力、摩擦力"后，我们已经对常见的三种力有较全面的认识，但对压力的三要素理解还是不够透彻。我们先通过体验实践感受压力的客观存在，再通过实例分析，运用受力分析方法再一次认识压力；在理解后再逐步进阶对"压力与重力的区别和联系"的理解。

【学习路径】

师：什么叫作压力？

师：压力的方向有什么共同点？

师：压力与重力是同一个力吗？

学生对实例中的力进行受力分析并按力的三要素回答压力与重力的联系与区别。

【评测反馈】

以上师生对话，暴露了学生的前概念的误区理解，学生认识了"压力是垂直压在物体表面上的力"。本案例以学生前概念为出发点，先后经历"压力""压力与重力的联系与区别"的构建过程，引导学生从原有生活经验出发，逐步搭建知识台阶从而获得新知的经验，完成原始积累到知识提升的进阶。

（三）压力作用效果影响因素的探究

【起点分析】

影响压力作用效果的因素是本节课的重点。本节将主要通过开放性实验、

小组探究合作来展示提升，从而总结归纳出结论。首先，根据经验，让每个学生使用"用拇指和中指握住铅笔的末端"的体验，提出自己的猜想；其次，根据每小组在课前准备不同实验器材进行分组探究实验；再次，找出其中一组同学展示实验过程，并归纳总结出实验结果；最后，同学评价展示小组实验的优点与不足。

【学习路径】

1. 提出问题

师：压力作用效果影响因素有哪些？

学生体验如图 2 所示的活动并提出问题。

图 2

2. 猜想与假设

师：请同学们猜一猜压力的作用效果可能与哪些因素有关？它们之间有什么样的关系？并把你猜想的依据说给同学们听一听，可以进行大胆假设，大胆猜想问题，寻找可能出现的答案。

生：压力作用效果的影响可能与压力、力的面积、接触面的粗糙度，以及物体密度、物体形状等有关。

3. 制订计划与设计实验

师：利用自己准备的实验器材，设计实验并进行探究。然后随机请一小组二位同学上台展示实验探究过程并总结。

生：进行分组实验探究。

师：请同学如实填写下表内容（老师巡视指导实验）：

压力（选填"大或小或相等"）	受力面积（选填"大或小或相等"）	压力效果

师：哪一小组代表上台展示实验？

生：展示实验。

4. 进行实验得出结论

师：通过实验现象，得到什么结论？

生：当压力相等时，受力面积越小，压力作用效果越明显。

当受力面积相同时，压力越大，压力作用效果越明显。

【评测反馈】

压力作用效果的影响因素的结论对初二学生来说有一定的困难，但经历了科学探究，内化学生探究思维后对理解有很大帮助。由于学生存在"压力作用效果只受压力的影响"这一错误前概念，如果不能及时解决这个问题，将无法点燃学生的思维兴奋点。让学生经历探究的全过程，能有效缓冲学生的思维落脚点，同时印象将十分深刻。这样在原有经验基础上进阶而来的知识根深蒂固，有较强的迁移性。

（四）理解"压强"概念

【起点分析】

由以上实验得出的结论引导学生思考：本实验是运用控制变量法探究压力作用效果大小，但现实生活中，往往会出现压力和受力面积同时改变，应比较压力的作用效果，从而生成了压强的概念。通过回顾速度的概念，迁移比值定义法理解压强的概念，并加强学生对压强公式的运用。

【学习路径】

	怎样比较"运动快慢的方法"	怎样比较"压力的作用效果"
生活中	相同的路程比较时间	相同的时间比较路程
	相同的压力比较受力面积	相同的受力面积比较压力

（续上标）

	怎样比较"运动快慢的方法"	怎样比较"压力的作用效果"
物理学中	物体通过的路程与时间的比值，叫作速度	物体受到压力与受力面积的比值，叫作压强

师：什么叫作压强？公式？单位？

生：物体受到压力与受力面积的比值，叫作压强；公式 $P=\dfrac{F}{S}$；压力单位牛顿（N），受力面积单位平方米（m^2），压强单位帕斯卡（Pa）。

师：常见物体对地面的压强值？

生：一张 4 开的报纸在放平时会在桌子上施加约 0.5Pa 的压强；西瓜种子平放在桌子上时的压强约为 20Pa；中学生站立时的压强约为 1.5×10^4Pa。

【评测反馈】

"压力作用效果→压强概念形成→压强公式→记忆压强值"，这是一个循环往复、螺旋上升的理解过程。通过学习的迁移实现知识的应用，为新一轮认知结构的跃迁发展做好准备。这符合"从浅层到深层，越来越复杂的概念性理解过程"的高级学习理论。

（五）计算压强大小

【起点分析】

学生对压强有了初步的认识，接着要通过实例分析培养学生应用知识的能力，通过课堂检测试题过关训练，提高学生对压强公式的运用能力。

【学习路径】

检测题 1：小明买回一只重力为 5N 的饮水杯，杯子与桌面的接触面积为 $5\times10^{-2}m^2$，桌子上杯子的压强是多少？

检测题 2：一辆中国制造的新型坦克质量 40t，每条履带着地面积为 $2.5m^2$，静止在水平地面上，它对地面的压强是（   ）

A. 80Pa   B. 8 000Pa   C. 8×10^4Pa   D. 4×10^4Pa

检测题 3：如图 3，一张《湛江日报》平放在桌面上，对桌面的压强为 0.8Pa；如果报纸折成两半，折叠后桌子上的压强是_____Pa；把报纸切成两半，报纸的其余部分压在桌子上的压强是_____Pa。

平铺　　　　　　　　对折　　　　　　　撕去一半

图 3

【评测反馈】

让学生对"压强"的前概念有一个重新理解，通过以上例题的检测使学生在原有的知识上进阶。三个实际问题呈层递推进的进阶关系，步步为营，符合学生的认知特点与身心发展规律。

（六）增大或减少压强的方法与实例

【起点分析】

物理来自生活又高于生活。学会运用压强公式解决简单的物理问题，通过展示一些生活中的场景和实例，让学生分析增大或减少压强的方法，引导学生注意社会热点问题。

【学习路径】

师：请学生分组讨论，采取了什么办法可以增大还是减小压强？

生：讨论后回答。

师：下列常见的压强和事例中，减小压强的有_____，增大压强的有_____

A. 坦克履带非常宽　　　B. 刀刃十分锋利　　　C. 骆驼脚掌特别大

D. 铁轨铺在枕木上　　　E. 针头尤其尖细　　　F. 房屋的底基筑很宽大

生：回答并说出理由。

师：湛江经济开发区东海岛中线公路路面严重受损，道路上的"头号杀手"的"罪魁祸首"是超限运输，即超载。

生：分析原因。

【评测反馈】

本案例以学生的前概念为出发点，先后经历压力认识、压力作用效果的探究、压强概念的理解，在增大、减少压强方法的构建过程中引导学生从原有经验出发，逐步搭建台阶，从而获得新的经验，完成从原始经验向科学知识的进阶。若不采用学习进阶设计理念，直接给出方案，"一步到位，一杆插到底"的教学方式呈现的往往是结果而不是过程，教的是背记结论而不是启迪思维。这样教学难以激发学生的积极性，同时违背现代教学理念的"学生为主体原则"，容易造成知识理解的脱节。解题综合化的实际问题，属于复杂的系统。整合层级对学生的抽象思维和形象思维要求很高，特别是与数学知识相结合，更会使部分学生措手不及，摸不着头脑。

五、进阶维度

学生在学习"压强"这一核心概念的过程中，运用学习进阶理论分析。本节的知识表征、知识构建、知识应用、知识创新构成了一个层次分明、联系密切的整体，如图4所示。

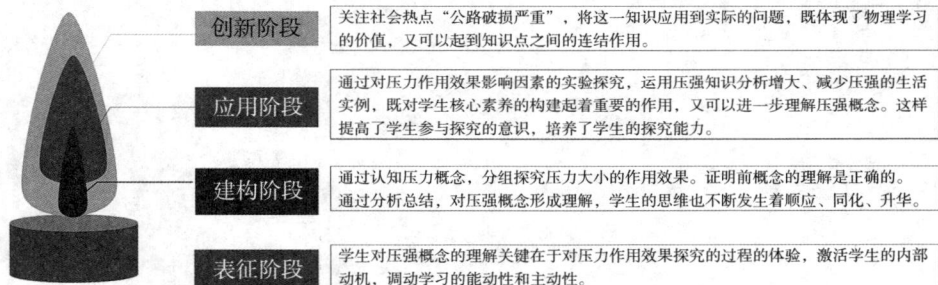

创新阶段 关注社会热点"公路破损严重"，将这一知识应用到实际的问题，既体现了物理学习的价值，又可以起到知识点之间的连结作用。

应用阶段 通过对压力作用效果影响因素的实验探究，运用压强知识分析增大、减少压强的生活实例，既对学生核心素养的构建起着重要的作用，又可以进一步理解压强概念。这样提高了学生参与探究的意识，培养了学生的探究能力。

建构阶段 通过认知压力概念，分组探究压力大小的作用效果。证明前概念的理解是正确的。通过分析总结，对压强概念形成理解，学生的思维也不断发生着顺应、同化、升华。

表征阶段 学生对压强概念的理解关键在于对压力作用效果探究的过程的体验，激活学生的内部动机，调动学习的能动性和主动性。

图4

综上研究，如何实现对核心概念的整合和思维能力的培养，将是教育教学的主要研究方向。学习进阶研究作为物理教学提升核心素养的设计理念，是新的课题研究方向，以后会受到教师的广泛研究和实践。

参考文献

[1] 郭玉英，姚建欣. 基于核心素养学习进阶的科学教学设计 [J]. 课程·教材·教法，2016，36（11）：64 - 70.

[2] 叶贵强. "压强"教学设计 [J]. 中学物理（初中版），2014（7）：74 - 75.

[3] 陈春凤. 初中生物理学业成败归因特点的调查研究 [D]. 上海：上海师范大学，2016.

[4] 姜平平. 基于抛锚式教学的初中物理力学教学设计研究 [D]. 济南：山东师范大

学，2017.

　　[5] 夏素新．初中物理微视频教学资源的设计与开发 [D]．南京：南京师范大学，2015.

　　[6] 任晓媛．初中生在物理概念学习中的认知障碍分析和解决策略研究 [D]．上海：上海师范大学，2011.

　　[7] 高佳利，张静，李小青．核心概念学习进阶的理论构建及实证研究：以"几何光学"为例 [J]．天津师范大学学报（基础教育版），2017，18（3）：60－64.

　　[8] 徐南．基于支架式教学法的初中物理教学设计 [D]．银川：宁夏大学，2014.

　　备注：本文发表于《数理化解题研究》2019 年第 26 期，作者为谭振兴（湛江市湛江中学）、庄中木（湛江经济技术开发区民安中学）

参考文献

［1］安德森，克拉斯沃尔，艾雷辛，等．学习、教学和评估的分类学：布卢姆教育目标分类学：修订版［M］．皮连生，译．上海：华东师范大学出版社，2007．

［2］布兰思福特，布朗，科金，等．人是如何学习的——大脑、心理、经验及学校：扩展版［M］．程可拉，孙亚玲，王旭卿，译．上海：华东师范大学出版社，2012．

［3］陈佩莹．中学物理课程中"力与运动"主题的核心概念进阶研究［D］．北京：北京师范大学，2013．

［4］哈伦．科学教育的原则和大概念［M］．韦钰，译．北京：科学普及出版社，2011．

［5］李春密．义务教育课程标准（2022年版）课例式解读：初中物理［M］．北京：教育科学出版社，2022．

［6］林静．CAT：基于学习科学的科学概念学习环［J］．全球教育展望，2009，38（10）：31－35．

［7］刘艳芳．中学物理课程中电磁学核心概念进阶的初步研究［D］．北京：北京师范大学，2013．

［8］罗莹，郭晨跃，李勇．高考物理命题的一致性研究及其对物理教育的启示［J］．课程·教材·教法，2012，32（11）：105－111．

［9］乔际平，刘甲珉，万勇．物理学科教育学［M］．北京：首都师范大学出版社，1999．

［10］施良方．学习论［M］．北京：人民教育出版社，2001．

［11］索耶．剑桥学习科学手册［M］．徐晓东，杨刚，阮高锋，等译．北京：教育科学出版社，2010．

［12］吴娴，罗星凯，辛涛．概念转变理论及其发展述评［J］．心理科学进展，2008，16（6）：880－886．

［13］徐宁．基于认知模式转化的高中物理概念教学研究［D］．北京：北

京师范大学，2009.

[14] 张坤．我国初中物理核心概念调查研究［D］．重庆：西南大学，2011.

[15] 张颖之，刘恩山．核心概念在理科教学中的地位和作用：从记忆事实向理解概念的转变［J］．教育学报，2010，6（1）：57-61.

[16] 张玉峰，郭玉英．科学概念层次分析：价值、变量与模型［J］．物理教师，2015，36（11）：2-6.

[17] 张玉峰．高中物理概念学习进阶及其教学应用研究［D］．北京：北京师范大学，2015.

[18] 张玉峰．高中物理概念学习进阶及其教学应用研究［M］．南宁：广西教育出版社，2020.

[19] DUNCAN R G, HMELO SILVER C E. Learning Progressions：Aligning Curriculum, Instruction, and Assessment［J］. Journal of Research in Science Teaching, 2009, 46（6）：606-609.